大学入試

ゼロから覚醒 はじめよう 現代文

スタディサプリ講師
柳生好之

かんき出版

はじめに

国語が大の苦手だった僕が、国語講師になったわけ

数ある現代文の参考書の中からこの本を手に取ってくれたみなさん、どうもありがとうございます。

僕は日本最大のオンライン予備校「スタディサプリ」で現代文講師をしている柳生好之といいます。「スタディサプリ」では、東大や京大や早稲田などの難関大学を志望する受験生のための授業をしています。

このように自己紹介すると「どうせ昔からたくさん本を読んでいたんだろ」「何も勉強しなくても国語ができたんだろ」「国語が苦手な自分たちとは違うんだろ」と思われるかもしれませんね。たしかに、国語の先生はほとんどの場合小さいころから本を読むのが大好きで、何も勉強しなくても国語の成績がよくて、そのまま国語の先生になったという方がとても多いです。僕の大学時代の同級生で高校の先生になった友達は「こんなのができない人の気持ちがわからない。だって答えが書いてあるじゃん」と言っていました。

しかし、僕は**小学生のころから国語が大の苦手だった**のです。小学生のころ、算数や理科や社会は毎回満点だったのですが、国語だけはほとんど満点が取れませんでした。そして、先生の説明を聞いても納得することができませんでした。数学のようにルールどおりに考えれば誰でも同じ答えにたどり着く科目が好きだった僕は、国語というあいまいな科目を前にして「きっと僕には国語のセンスがないんだ」と国語を諦《あきら》めていました。

そして月日が流れ、大学受験を志すようになります。国語と英語が苦手な僕は理系に行くしかないのかなと思っていました。しかし、大学受験では国語と英語から逃れることができないとわかったので、まず苦手な国語と英語から勉強をはじめました。すると、**「国語にも数学のようなルールがあったのか！」**とわかりました。「ルール」がわかった後は、現代文の成績が飛躍《ひやくてき》的に伸びていきました。高3の4月の成績は偏差値38だったのですが、6月には偏差値72になっていました。

もとからできた科目よりも、はじめはできなかった科目のほうが、できるようになった瞬間に感動するものです。僕は**「この感動を現代文が苦手なすべての受験生に味わってもらいたい」**と思い、大学受験の現代文講師になりました。

はじめて現代文の授業をしてから15年が経ちました。その間、さまざまな塾・予備校でお世話になりました。そこでわかったことがあります。「現代文が苦手だ」という、かつての僕のような受験生は意外に多いということです。しかも、むしろ難関大を目指すような志の高い生徒の中にこそ「現代文が苦手だ」という生徒が多かったのです。国語ができれば最難関の大学にでも合格できるような生徒が、「現代文が苦手だ」という理由で、志望校を変更するということもよくあるということがわかりました。

この本を手に取ったみなさんは、**「現代文から逃げ回る人生を変えたい」**と思っているのかもしれません。そのようなみなさんの希望を叶《かな》えるために、この本を作りました。

言葉はものの見方や考え方そのものです。現代文の勉強をとおして、みなさんのものの見方や考え方は大きく変わっていくことでしょう。つまり、**「言語は世界を変える」**のです。

大学受験の現代文の勉強で僕の人生が大きく変わったように、みなさんの人生が変わる第一歩を手助けすることができれば、これにまさる喜びはありません。そこで、みなさんに一つ約束をしたいと思います。

この本でみなさんの読解力を覚醒《かくせい》させます。

それではみなさん、偉大な第一歩を歩みはじめましょう。

この本は、こんな人に向いています

- ☑ 大学入試に向けてはじめて現代文を学習する人
- ☑ 苦手な現代文をどうにかして克服したい人
- ☑ 現代文の得点が安定しないで困っている人

CONTENTS

『ゼロから覚醒 はじめよう現代文』もくじ

PART2

第二部 大学入試問題を解いてみよう

本書の特長と使い方

本書は、現代文の「超・入門書」です。
現代文をはじめて勉強する人も、現代文がすごく苦手な人も、現代文で高得点を取りたい人も、「第一部」の「第一回」から、ひとつずつ学習を進めましょう。
すべて読み終えたときには、読解力が「覚醒」して、今までとは違う自分になっているはずです。

第一部

PART1

1 例題で理解する

例題 1　次の文を読んで、後の問いに答えよ。

日本の大統領は梅生好之である。

問　この文の内容と一致するものを、次の選択肢①〜③から一つ選べ。
① 日本の大統領は梅生好之である。
② 日本には大統領はいない。
③ 日本の大統領にふさわしいのは梅生好之ではない。

2 実践問題で確認する

実践問題 1　次の文章を読んで、後の問いに答えよ。

あなたの血液型は何だろうか。A型、B型、O型、AB型？　これらの血液型に応じて、性格のちがいが判断できる、というのが血液型性格判断の考え方である。具体的には、どのようなことが主張されるのだろうか。
たとえば、しばしば言われるのは、「A型はきちょうめんである」、「B型はマイペースだ」、「O型はリーダーシップがある」、「AB型は天才肌である」といったようなことである。そして、血液型を知ることで、自分や他人の性格、血液型同士の相性などもわかるので、人間関係をうまく保つことができる、と主張されるのである。
（小林傳・篠澤和久『本当のことを知っているとはどういうことか―知識と真理―』より）

問　この文章の内容と一致するものを、次の選択肢①〜③から一つ選べ。
① A型がきちょうめんだとは限らない。なぜなら私はA型だが、きちょうめんではないからである。
② 血液型占いには科学的根拠はないので、信用してはいけない。
③ 血液型性格判断の考え方では、血液型に応じて性格のちがいを判断できるといわれている。

3 覚醒ポイントで身につける

覚醒ポイント　現代文では、絶対に「文章に書いてあるとおりに」答える。

第二部

PART2

1 入試問題に挑戦する

入試問題実践1　2019年 近畿大学

次の文章を読んで、後の問いに答えよ。

1 店で商品を購入するとき、金銭との交換が行われる。でも、バレンタインデーにチョコレートを贈るときには、その対価が支払われることはない。好きな人に思い切って、「これ受けとってください」とチョコレートを渡したとき、「えっ？　いくらだったの？」と財布からお金をとり出されたりしたら、たいへんな屈辱になる。
2 贈り物をもらう側も、その場では対価を払わずに受けとることが求められる。このチョコレートを「渡す／受けとる」という行為は贈与であって、売買のような商品交換ではない。だから「経済」とは考えられない。
3 では、ホワイトデーにクッキーのお返しがあるとき、それは「交換」になるのだろうか。この行為も、

2 解き方を身につける

問一　解説

入試問題を解くときには、現代文のルールに従った「手順」を守ると、点数のブレが少なくなります。作業手順もしっかり頭に入れておいてください。

空欄補充問題を解くステップ
① 空欄のある一文に注目する
② 空欄のある一文の構造をとらえる
↓
③ 解答の根拠を探す

ステップ①・②

フランスの社会学者ピエール・ブルデュは、その区別をつくりだしているのは、モノのやりとりのあいだに差しはさまれた「 1 」だと指摘した。
（主部①・主部②・述部②・述部①）

一文の分析が終わったら、ステップ③「解答の根拠を探す」にいきます。

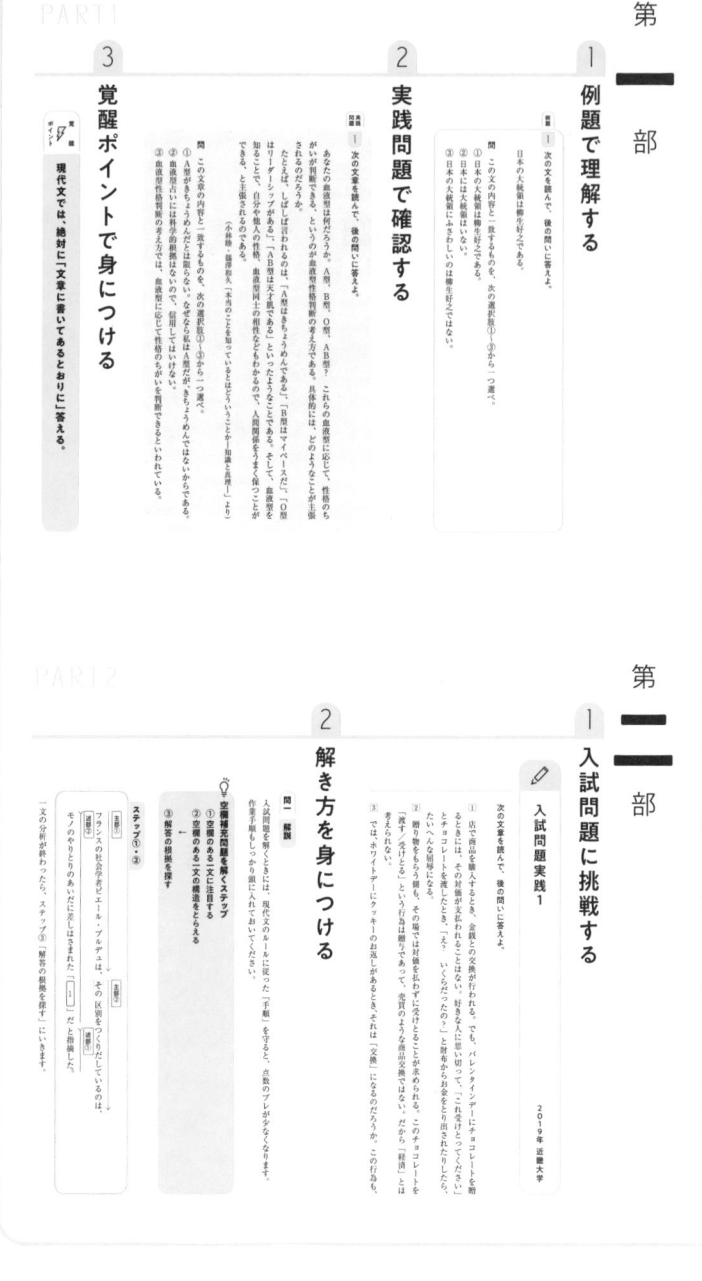

PART1

第一部

現代文を「正しく」読むための絶対ルール

第一回

現代文という科目の正体を知っているか

大学入試の現代文ではどんな力が試されているの？

それでは、覚醒のための第一歩をはじめましょう。

現代文という科目には、**絶対に守らなければならない「ルール」が存在する**ことを知っていますか？

その「ルール」を知らないことには、いくら本をたくさん読んでも点数は上がらないのです。

たとえば、サッカーで「オフサイド」というルールを知らないで、ゴール前で待ち伏せしてゴールしたとします。その場合、ネットは揺らせても当然ゴールは認められません。ルール違反をしたからです。

それと同様に、現代文でも「ルール」を守らなければ、いくら文章が読めたと思っても点数にならないのです。

現代文が苦手だという人は、この「ルール」の存在を知らないために、いくらやっても点数が伸びないと考えてしまうのです。

であれば、**現代文の第一歩は「ルールを知る」ということに尽きる**はずです。すべての現代文に共通する「ルール」は、すべての問題で一番はじめに書いてあります。

次の文章を読んで、後の問いに答えよ。

これは**「文章」に書いてあることをそのまま「答えよ」という指示**です。

ですから、書かれている内容に対してみなさんがどう思うかはいっさい聞いていないことになります。

通常の読書であれば、文章を読んで「感想」を持ったり、「事実」と比較してどうなのかと考えたりします。

しかし、現代文では**文章に書いてあるまま答えなければならない**のです。

ここで一つ例題をやってみましょう。

例題 1

次の文を読んで、後の問いに答えよ。

日本の大統領は柳生好之である。

問 この文の内容と一致するものを、次の選択肢①〜③から一つ選べ。

① 日本の大統領は柳生好之である。
② 日本には大統領はいない。
③ 日本の大統領にふさわしいのは柳生好之ではない。

少し意地悪な問題ですが、**現代文の性質を理解するための問題**だと考えてください。

もとになる文（これを「本文」といいます）に書いてあるとおりを答えているため、①が正解になります。

正解は①です。

現実には、日本は大統領制ではありませんから、日本に大統領はいません。

しかし、「現代文」という科目では、事実と合うものが正解になるとは限らないのです。

「社会」は事実と合うものが正解となる科目です。ですから、「社会」では事実が変われば正解も変わります（たとえば、選挙権年齢が20歳以上から18歳以上に引き下げられたことなどがこれにあたります）。

それに対して、**「現代文」は文章と合うものが正解となる科目**なのです。ですから、事実と合っていても文章とは合っていないので、②は不正解となります。

また、「現代文」は自分の意見を答える科目でもありません。自分の意見を答えるのは「小論文」という科目です。ですから、③も不正解となります。

現代文とは、文章に合うものが正解となる科目である。

このことをさらに理解するために、実践問題をやってみましょう。

実践問題 1　次の文章を読んで、後の問いに答えよ。

あなたの血液型は何だろうか。A型、B型、O型、AB型？　これらの血液型に応じて、性格のちがいが判断できる、というのが血液型性格判断の考え方である。具体的には、どのようなことが主張されるのだろうか。

たとえば、しばしば言われるのは、「A型はきちょうめんである」、「B型はマイペースだ」、「O型はリーダーシップがある」、「AB型は天才肌である」といったようなことである。そして、血液型を知ることで、自分や他人の性格、血液型同士の相性などもわかるので、人間関係をうまく保つことができる、と主張されるのである。

（小林睦・篠澤和久「本当のことを知っているとはどういうことか―知識と真理―」より）

問　この文章の内容と一致するものを、次の選択肢①〜③から一つ選べ。

① A型がきちょうめんだとは限らない。なぜなら私はA型だが、きちょうめんではないからである。
② 血液型占いには科学的根拠はないので、信用してはいけない。
③ 血液型性格判断の考え方では、血液型に応じて性格のちがいを判断できるといわれている。

ここでも、**文章に書いてあるまま答えましょう**。

まず、文章では「血液型性格判断の考え方」が説明されています。その説明に合った選択肢を選べばよいのです。

①には「血液型性格判断の考え方」に対する「意見」が書かれています。現代文では、**文章に書いてあるとおりに答える**というルールがありました。ですから、①は不正解となります。

②はどうでしょうか？　実際のところ「血液型性格判断」には、科学的な根拠が見つかっていません。ですから、事実をもとにすると②は正解に思えます。しかし、現代文では**文章に書いてあるとおりに答える**というルールがあります。文章をもとにして考えると、②は不正解だということになります。

正解は③です。文章で説明されているとおりに答えているので、現代文という科目ではこの答えが「正しい」ということになります。

このように、現代文は**文章をもとにして答えるというルールを守らなければならない**のです。このルールを無視したら、いくら事実に関する知識がたくさんあったとしても、現代文という科目で「正しく」答えることはできないんです。

今回学んだことは、現代文のルールの中でも最も重要なものです。人によってはこれだけで点数が劇的に伸びることさえあります。ぜひ覚えておいてください。

「現代文ではどんな力が試されているの？」という問いの答えは、**「現代文のルールを知り、現代文のルールを守って問いに答える力」**だということになります。

覚醒ポイント

現代文では、絶対に「文章に書いてあるとおりに」答える。

「正しく」読むってどういうこと?

大学入試の現代文は、与えられた文章をもとにして答えるものだということがわかりました。

次は、「文章の読み方」を学びましょう。このようなことを言うと「日本語の文章なんて、もうたくさん読んでいるから、読み方は習わなくてもいいですよ。それよりも解き方を教えてくださいよ」と思う人もいるでしょうね。たしかに、みなさんは子どものころから日本語の文章をたくさん読んでいるでしょう。しかし、**読書をするときと、現代文の問題を解くときとでは、読み方がまったく違います。**

現代文の問題を解くときには、**文章を客観的に読む**必要があります。これも重要な現代文の「ルール」です。

そうは言っても「客観的に読む」って何のことかわかりませんよね。
僕も最初にこの言葉を聞いたときは、「客観的に読む」ということの意味がわかりませんでした。
このことをわかってもらうために、次の例文を用意しました。

ウサギが走ってカメを追いかけた。

この文を読んだとき、みなさんの頭の中はどうなっているでしょうか？

上の絵のようなイメージを持った人が多いのではないかと思います。

小学生のころ、「文章を読んで想像しましょう」と習いましたよね。

ですから、みなさんはイメージをするのです。

しかし、みなさんのイメージはすべて同じでしょうか？

もっと写真のようなウサギとカメを思いうかべた人もいるはずですし、楽しそうに追いかけっこをしている様子をイメージした人もいるでしょう。

このように、各自がイメージを作りながら読むことを、「主観的に読む」と言います。

主観は人それぞれ違います。

そのため、文を読んでみなさんが持つイメージも同じにはならないのです。

しかし、大学入試現代文では「人それぞれ違うよね」ではいけません。

なぜなら、大学入試では点数をつけなければいけないからです。採点官は、「A君のイメージよりもB君のイメージのほうがいいね」などという個人的な感想によって採点をすることはありません。

ですから、大学入試現代文では、イメージを膨《ふく》らませる「読書」とはまったく違う読み方をする必要があるのです。

では、先ほどの文を読んで、次のような「説明」をしたならばどうでしょう。

▼この文の主語は「ウサギ」であり、走っているのも追いかけているのも「ウサギ」だ。

文の主語は誰が読んでも「ウサギ」です。「いや、私には主語が『カメ』だと思えます」とは、絶対になりません。

このように、**誰がどう見ても同じようにとらえられるカタチに注目する**ことが、点数をつけなければいけない大学入試で求められる読み方です。

そして、これこそが**「客観的に読む」**ということなのです。

ふだん読書をするときに、「この文の主語は『ウサギ』で、述語は『追いかけた』になっている」などと考えながら読む人はいませんよね。本の内容だけに集中するはずです。

それに対して、**現代文ではまず「文のカタチ」に目を向け、誰が読んでも必ず同じになることをつかまなければならないんです**。

これが読書と現代文との決定的な違いです。

現代文では**「自分でイメージする（主観）」**のではなく、**「誰でも必ず同じになることをつかむ（客観）」**ということを意識しましょう。

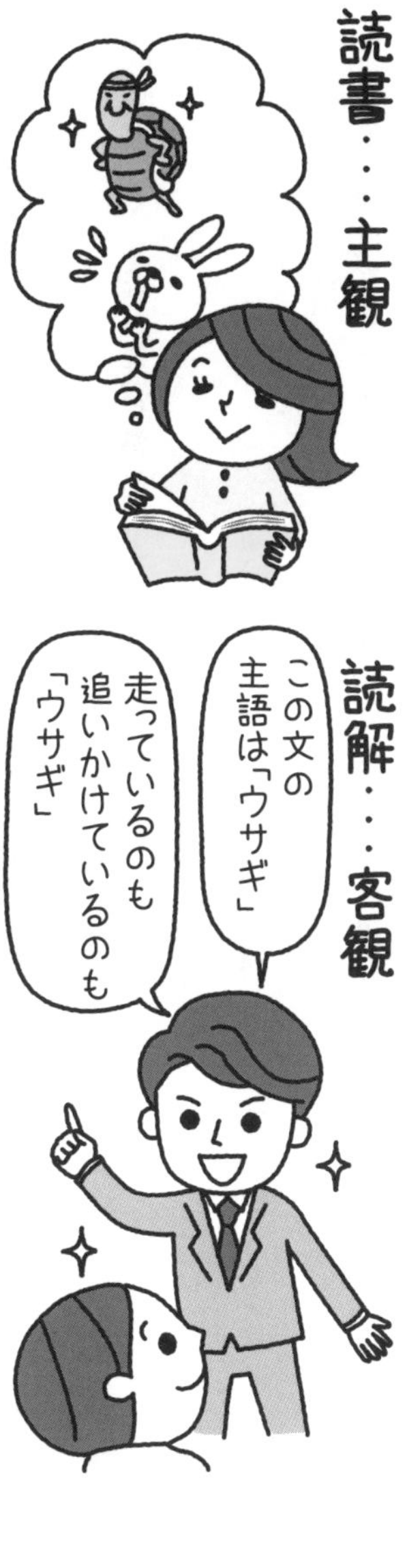
読書・・・主観
読解・・・客観
この文の主語は「ウサギ」
走っているのも追いかけているのも「ウサギ」

文章に書かれていることだけを徹底的につかむのが「客観的」な読解。

それでは「客観的に読む」ということがわかってもらえたところで、一つ例題をやってみましょう。一見簡単そうに見えますが、聞かれているポイントは、早稲田大学や上智大学などの難関大の入試でもよく出るものです。

例題 2

次の文を読んで、後の問いに答えよ。

ウサギが走ってカメを追いかけた。

問　本文の内容と一致するものを、次の選択肢①〜③から一つ選べ。

①　ウサギが走ったカメを追いかけた。
②　ウサギが走ってカメが追いかけた。
③　ウサギが走っている。

「現代文は文章をもとにして答えなければならない」そして、**「現代文では文章を客観的に（誰が読んでも必ず同じになるように）読まなければならない」**という現代文のルールを頭に置いて問題を解きましたか？

それでは一つずつ選択肢を検討していきましょう。

①は、主語が「ウサギ」であるというところは間違いありません。ところが、「走った」という言葉は、直後の「カメ」をくわしく説明しています（「くわしく説明する」ことを、「修飾する」といいます）。すると､「走った」のは「カメ」だということになってしまいます。本文では「走って」いるのは「ウサギ」ですから、①は間違いだということになります。

②はどうでしょうか？「ウサギが走って」というところまではいいのですが、その後の「カメが追いかけた」という部分では、主語が「カメ」になっています。すると、「追いかけた」のは「ウサギ」ではなくて「カメ」だということになってしまいます。本文では、「追いかけた」のは「ウサギ」ですから、②は間違いだということになります。

正解は③です。本文でも「ウサギ」は「走って」いますからね。これは、誰が読んでも必ず同じになります。「カメを追いかけた」という部分はありませんが、③には本文と違うところがありません。だから、正解は③になるんです。

実践問題 2 次の文章を読んで、後の問いに答えよ。

私たちの日常生活において、本当のことだと信じてよいかどうかが問われる場面は、いろいろある。その一つが占いである。雑誌やTV番組などでは、しばしば「きょうの占い」というコーナーが登場する。目にしない日はほとんどないと言ってよいくらいである。

占いは、洋の東西を問わず人気があるが、近年、日本で流行しているものに、血液型占いというものがある。また、単に占いであることをこえて、科学であることを装うような血液型性格判断もある。

（小林睦・篠澤和久「本当のことを知っているとはどういうことか―知識と真理―」より）

問 「占い」について説明したもので、最も本文に合うものを次の選択肢①〜③から一つ選べ。

① 占いは、東洋でも西洋でも人気がある。
② 血液型性格判断は科学的な占いである。
③ 日本では血液型占いを目にしない日はほとんどない。

まずはこの文章を客観的に読んでください。そして、文章に合うものを正解として選びましょう。

正解は①です。本文には「占いは、洋の東西を問わず人気がある」とあります。「洋の東西を問わず」というのは「東洋でも西洋でも」という意味です。

②は、本文に「科学であることを装うような血液型性格判断もある」とあります。装っているのですから、本当は科学ではないですね。本文と異なるため、②は正解になりません。

③は、本文に「雑誌やTV番組などでは、しばしば『今日の占い』というコーナーが登場する。目にしない日はほとんどないと言ってよいくらいである」とあります。「目にしない日はほとんどない」のは、「血液型占い」ではなく「きょうの占い」ですね。そのため、③は不正解です。

このように、現代文は**「文章を客観的に読まなければならない」**というルールがあって、そのルールを守らないと、いくら「イメージ」ができたとしても、正解することはできないのです。

反対に、仮に「イメージ」ができないような難しい文章が出たとしても、「客観的に読む」ことができていれば、問題に正解することはできるのです。

「『正しく』読むってどういうこと?」という問いの答えは、**「客観的に読み、誰が読んでも必ず同じになることをつかむこと」**になります。

覚醒ポイント

現代文では、誰でも必ず同じになることだけをつかむ、「客観的」な読み方をしなければならない。

「正しく」答えるってどういうこと？

大学入試の現代文では、与えられた文章を客観的に読んで答えるということがわかりました。

第一回の最後は、「問題の解き方」を学びましょう。

よく「文章に書いてあることを答えたのに、正解になりませんでした。ルールを守っているのにどうしてですか？」と質問されることがあります。

たしかに、文章は正確に読めている場合もあるでしょう。しかし、文章だけが正確に読めたとしても、問題に正しく答えられるとは限らないんです。

現代文の問題を解くときには、「設問を正しく読む」ことが必要なのです。

これも重要な現代文の「ルール」です。

現代文の問題を解くときには、設問を正しく読まなければならない。

現代文を学びはじめたばかりの人は、「文章」や「選択肢」をしっかり丁寧《ていねい》に読もうとします。それはとてもよいことなのですが、**「設問」にまではあまり意識が向いていない**ことが多々あります。それでは、「正しく」答えることはできません。

次の例題をとおして、「正しく」答えることについて考えてみましょう。

例題 3　**次の文章を読んで、後の問いに答えよ。**

現代文では「読み方」だけでなく「解き方」も学ぶ必要がある。より重要なのは、じつは「解き方」なのだ。なぜならば、現代文では一つの文章で何とおりもの問題の作り方があるからである。

問　傍線部「『解き方』も学ぶ必要がある」とあるが、それはなぜか。次の選択肢①～③から最も適当なものを一つ選べ。

① 現代文では「読み方」を学ぶ必要があるから。
② 現代文でより重要なのは「解き方」だから。
③ 現代文では一つの文章で何とおりもの問題の作り方があるから。

選択肢の内容は、すべて本文に書いてあります。「文章をもとにして答える」「文章を客観的に読む」といった今までの「ルール」だけだと、すべて正解のように思えてしまいます。その場合は**しっかり設問を見てください**。

傍線部「『解き方』も学ぶ必要がある」とあるが、それはなぜか。

この問題は、傍線部の「理由」を聞いています。ですから、本文に書いてあることでも、傍線部の「理由」になっていなければ、「正しく」答えたことにはならないんです。

そのため、①は間違いとなります。たしかに、本文には「『読み方』だけでなく『解き方』も学ぶ必要がある」と書かれています。しかし、①は、傍線部の直前の内容を引用しているだけで、傍線部の「理由」ではありません。

また、②は、傍線部の直後に書かれていることなので、一見正解のように見えますが、これは、傍線部の言い換えにすぎません。理由を説明したものではないので、②も正解にはなりません。

正解は③です。本文中でもこれが傍線部の「理由」になっています。

「正しく」答えるということがどういうことか、わかってもらえたでしょうか。

実践問題 3 **次の文章を読んで、後の問いに答えよ。**

一方で、血液型性格判断は好ましい、そうしたものは有効だ、という意見がある。血液型を話題にすることにより、他人とのコミュニケーションが円滑になり、人間関係を築きやすくなるからである。たとえば、親しい友人同士で、血液型による性格分類を話題にすることで、話が大いに盛り上がることがあるかもしれない。

他方で、血液型性格判断が、私たちのコミュニケーションに入り込むことで、判断力の未成熟な子どもたちによくない影響を与えるのではないか、という意見もある。血液型などの生まれつきの性質（その他、性別、人種など）によって、他人を型にはめて理解するようになる心配があるからだ。

（小林睦・篠澤和久「本当のことを知っているとはどういうことか―知識と真理―」より）

問　傍線部「血液型性格判断が、私たちのコミュニケーションに入り込むことで、判断力の未成熟な子どもたちによくない影響を与えるのではないか」とあるが、そのような意見があるのはなぜか。次の選択肢①〜③から最も適当なものを一つ選べ。

① 血液型を話題にすることによりコミュニケーションが円滑になり、人間関係を築きやすくなるから。
② 親しい友人同士で血液型による性格分類を話題にすることで、話が大いに盛り上がることがあるから。
③ 血液型などの生まれつきの性質によって、他人を型にはめて理解するようになる心配があるから。

「現代文の問題を解くときは、正しく設問を読まなければならない」というルールを頭に置いて問題を解きましたか？　まずは、設問を確認してみましょう。

傍線部「血液型性格判断が、私たちのコミュニケーションに入り込むことで、判断力の未成熟な子どもたちによくない影響を与えるのではないか」とあるが、そのような意見があるのはなぜか。

とあります。傍線部の理由を聞く問題ですね。傍線部の直前には「他方で」とあるので、前の段落とは別の話をしていることがわかります。ですから、解答の根拠は後ろにあると考えて、後ろを読みます。

すると、「血液型などの生まれつきの性質（その他、性別、人種など）によって、他人を型にはめて理解するようになる心配があるからだ」と、傍線部の理由が書かれていることがわかります。この文をもとにして解答を選べばよいのです。

①は本文に書かれており、「～から」と理由を表す形になっていますが、これは傍線部の前の段落に書かれている内容です。傍線部は、前の段落とは別の話をしているんでしたね。ですから、①は間違いだということになります。

②はどうでしょうか？　②も本文に書かれていることですが、やはり前の段落の内容です。これも傍線部の理由ではないので、②は間違いだということになります。

正解は③です。傍線部の直後で、「～からだ」という言葉を使って理由を説明しています。だから、正解は③になるんです。

このように、現代文には**「正しく設問を読まなければならない」**というルールがあって、そのルールを守らないと、いくら文章に書かれていることを解答したとしても、正解できるとは限らないのです。

「『正しく』答えるってどういうこと？」という問いの答えは、**「設問で聞かれていることに答える」**ということです。

覚醒ポイント

現代文は、設問で聞かれていることに答えてはじめて正解となる。

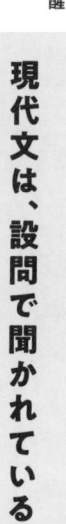

第二回 これがわかれば現代文は読み解ける

正しく読むためには「文法」が重要である！

第二回は**「文法」**について学びましょう。

と言うと、よく「えっ、大学入試に文法問題なんて出るんですか?」という顔をされます。

たしかに、文法（口語文法）は中学の学習範囲なので、大学入試で文法問題が出題されることは、ありません。しかし、**日本語の文章を正しく読むためには、文法というルールを意識することが必要になってきます**。これが身についているかどうかで、その後の伸び方が決まると言ってもよいでしょう。

そうは言ってもまだピンとこない人もいるでしょうから、例題をやってみましょう。

例題 4 **次の文を読んで、後の問いに答えよ。**

大学受験が迫っているので、私は国文法にしたがって現代文を読むための訓練をする。

問 傍線部「私」がすることは何か。次の選択肢①〜③から最も適当なものを一つ選べ。

① 大学受験　② 現代文　③ 訓練

すべての選択肢の言葉が本文に書いてあるので、どれが正解なのか迷ってしまうかもしれませんね。事実、すべて「私」がすることに思えます。

しかし、「本文をもとにして答える」「本文を客観的に読む」ということを踏まえたうえで、**「文法」というルールを知っている人なら、正解が出せます**。

「文の成分」という言葉を聞いたことがありますか？

文は、主語（主部）・述語（述部）・修飾語（修飾部）・接続語（接続部）・独立語（独立部）という五種類の文の成分でできています。

主　語（主　部）……文の主題を表す
述　語（述　部）……主題の説明をする
修飾語（修飾部）……他の部分（被修飾語・被修飾部）をくわしく説明する
接続語（接続部）……前後の文や文節をつないで両者の関係を示す

独立語（独立部）……他の部分とのつながりが弱く、独立して呼びかけや感動などを表す

ちなみに、一つの文節の場合には「〜語」といい、二つ以上の文節から成る場合には「〜部」といいます。

「文の成分」を意識して文の構造をつかむことが、「正しく」読むための第一歩です。

これをもとにすると、例題の文は次のように分析されます。

大学受験が迫っているので〔接続部〕、私は〔主語〕 国文法にしたがって現代文を読むための訓練を〔修飾部〕 する。〔述語〕

傍線部の「私」は、主語ですね。主語に対応するのは述語（＝する）です。そして、何をするのかをくわしく説明するのが修飾部（＝国文法にしたがって現代文を読むための訓練を）です。

この段階で、接続部（＝大学受験が迫っているので）の中に入っている①「大学受験」は、正解にはなりません。「えっ？　この人は大学受験をしますよね？」と考えてしまった人は、文の構造に注目しましょう。「する」という述語をくわしく説明しているのは修飾部ですから、そこに答えがあると考えなくてはいけないのです。

修飾部の中を見ると、意味の中心は「訓練を」ですね。「国文法にしたがって現代文を読むための」は、「訓練」を修飾しています。

修飾部 → 被修飾語

国文法にしたがって現代文を読むための訓練をする。

解答するときには意味の「中心」を考えなければならないので、正解は③「訓練」になります。これが「正しく」読むということです。「文の成分」から成る「文構造」の把握がポイントです。

「正しく」読むためには、「文の成分」から成る「文構造」を把握しなければならない。

実践問題をとおして、さらに理解を深めましょう。

実践問題 4　**次の文章を読んで、後の問いに答えよ。**

現代人として、私たちが何かを「本当だと思う」とき、まずその根拠となるのは、科学による裏づけがあるかないか、ということだろう。しかし、血液型性格判断は、科学的なふりをしているだけの「疑似《ぎじ》科学」ではないか、との批判がある。はたして血液型判断は科学なのか、疑似科学なのか。

（小林睦・篠澤和久「本当のことを知っているとはどういうことか―知識と真理―」より）

問　傍線部「本当だと思う」根拠は何か。次の選択肢①～③から最も適当なものを一つ選べ。

①　科学　②　疑似科学　③　裏づけがあること

まず②から考えましょう。「疑似科学」は「科学的なふりをしているだけのもの」ですから、②は不正解だとすぐにわかります。
問題は①と③です。なんとなく読んでいる人は、①と解答してしまいそうですが、正解は③です。
文の成分に注意して、文の構造をとらえてみましょう。

まずその根拠となるのは、（主部）　科学による裏づけがあるかないか、（修飾部）　という（述語）　ことだろう。

文のメインは 主部 と 述語 です。今回は「根拠」は何かを答える問題なので、「こと」の中身を説明すればいいのです。「こと」の中身は、 修飾部 においてくわしく説明されています。 修飾部 を、くわしく見てみましょう。

科学による（修飾部）　裏づけが（被修飾語）　ある（述部）　かないか（主部）

メインの 主語 と 述語 に注目します。 主語 ＝「裏づけが」、 述語 ＝「ある」となります（「ない」だったら根拠がないことになるので、ダメです）。

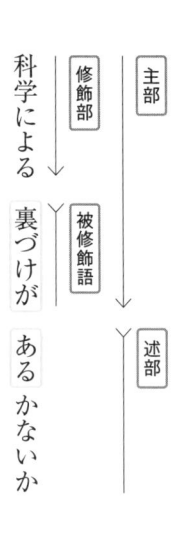

「科学による」は、「裏づけ」をくわしく説明する修飾部ですから、メインにはなりません。そのため、①は正解とならないのです。

このように、現代文を「正しく」読むときは、「文の成分」から成る文の構造を意識しなければならないんです。

なんか読めているような気がするのに正解できないと思っている人は、じつは「正しく」読めていないいんです。ここが**ふだん意識せずに使用している日本語の科目、現代文の一番怖いところ**です。

今回学んだことは「文法」の中でも最も重要なものです。これを身につければ、現代文の点数をイッキに上げることができますよ。

覚醒ポイント

「正しく」読むために、まずは「文構造」をとらえる。

「助詞」は文のおまけではなく、大事な「骨格」である！

「文法」が大事だということはわかってもらえましたね。

この話をすると、「中学生のときに習った文法なんて、もう忘れてしまいました。どうしたらいいですか？」とよく聞かれます。

そのような質問に対して、僕は次のように答えます。

「文の構造」「助詞」「指示語」「接続表現（接続詞や副詞など）」をやれば、とりあえずは大丈夫です！と。

ということで、**今回は「助詞」を学びましょう**。「助詞」は、言葉の関係を示したり、細かい意味をそえたりする働きを持つ単語です。

「助詞」というと、ちょっとくらい間違えても大丈夫と思っている人がすごく多いです。

実際の会話レベルであれば文脈からおよそ言いたいことはわかるのですが、現代文を読むときにはそれでは通用しないのです。**「助詞」を制するものは現代文を制する**と言ってもよいでしょう。

ただ、そうは言ってもピンとこない人もいると思うので、例題をやってみましょう。

例題 5 **次の文章を読んで、後の問いに答えよ。**

英語は得意だ。現代文も〔　　〕だ。

問 〔　　〕に当てはまる語句のうち、最も適当なものを次の選択肢①～③から一つ選べ。

① 苦手　② 得意　③ 好き

この問題でポイントになるのは助詞の「も」です。
入試で最もよく出題される文法ポイントなので、ぜひ覚えてください。
辞書では「も」の用法の説明に、「同類の一つ」と書かれています。**「も」は、同類の一つであることを表します。**

例題5の文で確認してみましょう。

英語は得意だ。現代文も〔　　〕だ。
同類の一つ

助詞「も」が強調しているのは「現代文」です。「現代文」が、前に述べた「英語」と「同類（＝同じ種類の仲間）」だということを表しています。すると、〔　　〕にも「得意」が入るので、正解は②になります。

ところが、「も」を「は」に変えると、答えが変わってきます。
辞書では「は」の用法の説明に、「対比」や「限定」と書かれています。**「は」は、話題を対比的に示し、説明の範囲を限定します**。

たとえば、このようなものです。

▼英語は得意だ。現代文は〔　　〕だ。

「は」に注意しながら見てみましょう。

英語は得意だ。現代文 は 〔　　〕だ。

対比・限定

こうなると、「英語」と「現代文」の説明は、対比的な内容になるので、〔　　〕には「苦手」が入ります。
この場合、「苦手だ」という説明を、「現代文」に「限定」しているんです。

「助詞」が一文字違うだけで解答が変わるのですから、とても大事だということがわかると思います。

実践問題 5

次の文章を読んで、後の問いに答えよ。

私たちは犬を知覚することができるだろうか。こう問うたならば、何を尋ねられたのかよく分からないという顔をしながらも、おそらくほとんどの人が「できる」と答えるに違いない。私の答えも「　」である。

（野矢茂樹『心という難問　空間・身体・意味』より）

問　「　」に当てはまる語句のうち、最も適当なものを次の選択肢①～③から一つ選べ。

①　できる　②　できない　③　わからない

まずは、　のある文をよく見てみましょう。

私の答え も 「　」である。

同類の一つ

助詞の「も」がありますね。ということは、その前の文に解答の根拠があるということになります。

私たちは犬を知覚することができるだろうか。こう問うたならば、何を尋ねられたのかよく分からないという顔をしながらも、おそらくほとんどの人が「できる」と答えるに違いない。私の答え も

「　　」である。

「ほとんどの人」と「私」が同類であることがわかりますから、正解は①「できる」となります。

このように、**「助詞」は文章を読むときにとても重要な役目を果たします**。

とくに「も」と「は」は、大学入試ではよくポイントになりますから、ぜひ覚えて使いこなせるようになりましょう。

覚醒ポイント

「も」は同類の一つ、「は」は対比・限定の用法。

三 二種類の「指示語」がわかると、正しく読める！

今回のテーマは**「指示語」**です。

みなさんも小学生や中学生のころから、「『これ』が指すものを答えよ」という「指示語」の問題を見てきたと思います。そして、じつは「指示語」の問題は、大学入試でもよく出題されるのです。というのも、文と文がつながっている「文章」を読むためには、その「つながり」を把握することがとても重要だからです。

「指示語」は、「一文から文章へ」と学習を進めていくときのキーポイントなのです。

例題 6 **次の文章を読んで、後の問いに答えよ。**

先生が学習計画を立ててくれた意味を理解したうえで、私は勉強する。これが大学受験を一年後に控えた今の私がするべきことだ。必ず毎日実行していきたいと考えている。

問 傍線部「これ」が指し示す言葉を、次の選択肢①〜③から一つ選べ。

① 学習計画　② 勉強　③ 実行

まずは、「指示語」に関する最も重要な考え方から確認していきましょう。

「指示語の指示内容は直前から探す」ということです。すると、傍線部より後に書かれている③の「実行」は正解にならないことはわかりますね。

次に、**「指示語が指す内容（指示内容）をとらえるヒントは直後にある」**ということです。直後を見ると、

主語	修飾部	述語
これが	大学受験を一年後に控えた今の私がするべき	ことだ。

主語 ＝「これが」、述語 ＝「ことだ」となっており、「こと」をくわしく説明する 修飾部 ＝「私がするべき」を見ると、「これ」は「私がするべきこと」だとわかります。ですから、先生が立ててくれた①の「学習計画」は正解にはなりません。

「私がするべきこと」は、もちろん②の「勉強」ですね。だから、②が正解になります。

指示内容をとらえるための手順

❶ 指示語が含まれる「一文の構造」をとらえる
❷ 指示語の「直後」にある「ヒント」をつかむ
❸ 指示語の「直前」に「指示語が指す内容」を求める

「ヒントは後ろ、答えは前」を意識する

次は、少し変わった「指示語」を見てみましょう。

「このような（そのような）」「こういう（そういう）」といった指示語です。これらは、**「まとめの指示語」**と呼ばれます。前に書かれている具体的な説明をまとめる働きがあり、指示語が指している内容をピンポイントで特定することが難しいため、**文章を広い範囲にわたって読まなくてはなりません。**

実践問題 6 **次の文章を読んで、後の問いに答えよ。**

まず、科学で扱う知識がどんな種類の知識かを見ておこう。私たちが日常使っている知識には、道具の使い方などにかんする実践的な知識がある。たとえば、ピアノを学ぼうとするとき、どうやって楽曲を演奏するのかといった具体的な知識を学ぶことになる。そのとき、楽譜に書いてあることをどう解釈するかだけではなく、指使い、手首の使い方、音の強弱のつけ方など身体で覚えるノウハウ（どのように行うかの知識）が問題になる。

これに対して、科学において扱われる知識は、「遺伝子の本体はDNAである」とか、「温度と質量が一定のとき、気体の圧力は体積に反比例する」といったものである。もちろん、実験器具の適切な使い方も学ばれることになるが、それ自体が主要な問題なのではない。こうした知識は、ノウハウとは違って、「○○が△△であることについての知識」であり、「文」の形で表わされるものである。血液型の場合で言えば、「A型はきちょうめんである」といった文がそれである。この点をまずふまえておくことにしよう。

（小林睦・篠澤和久「本当のことを知っているとはどういうことか―知識と真理―」より）

問　傍線部「こうした知識」とあるが、それは何か。次の選択肢①〜④から最も適当なものを一つ選べ。

① 身体で覚えるノウハウ
② 科学において扱われる知識
③「温度と質量が一定のとき、気体の圧力は体積に反比例する」という知識
④「A型はきちょうめんである」という知識

まずは、「一文の構造」からとらえましょう。

主部：こうした知識は、
接続部：ノウハウとは違って、
述部①：「○○が△△であることについての知識」であり、
述部②：「文」の形で表わされるものである。

傍線部の直後の説明を見ると、「ノウハウとは違って」とあるので、①は正解にならないとわかります。

また、④は指示語よりも後ろに書いてある内容なので、正解にはなりません。

それでは、②か③か、となるのですが、「こうした」は「まとめの指示語」なので、これまでの文章の内容をまとめて示そうとしています。②と③を比較してみましょう。③は、具体的な「知識」が「文」の形で表されたものの一つですが、まとめられてはいません。それに対して、②は、「遺伝子の本体はDNAである」

とか、「温度と質量が一定のとき、気体の圧力は体積に反比例する」といった具体的な表現を、「科学において扱われる知識」とまとめています。

そのため、よりまとまっている②が正解となり、一つの具体的な表現にすぎない③は正解にならないのです。

覚醒ポイント

「これ」はピンポイント、「このように」は広い範囲をまとめる。

三

「接続表現」の働きを理解すると、正しく読める！

今回のテーマは**「接続表現」**です。ここでの「接続表現」とは、接続詞や副詞などの接続の働きをする言葉のことで、前回の「指示語」と同じように「文と文のつながり」を示します。

「接続表現」に注意することで、次にどのような話が来るのか、ある程度予測ができるようになります。また、文章の中で大事なところがわかるようにもなります。

その「接続表現」の中でも、とくに重要なものを確認していきましょう。

例題 7 次の各文を読んで、後の問いに答えよ。

A　僕は大学を受験する。〔A〕現代文の勉強はしたくない。

B　僕は大学を受験する。〔B〕現代文の勉強をはじめた。

C　僕は大学を受験する。〔C〕大学で文学を学ぶ。

問　空欄〔A〕～〔C〕に入るものを、次の選択肢①～③からそれぞれ一つ選べ。

①　そして　　②　だから　　③　しかし

まず、「接続表現」で大事なのは「逆接」「順接」です。

「逆接」とは「前の事柄とは反対の内容の事柄が後に続く」というつなぎ方です。

それに対し、「順接」とは「前の事柄が原因・理由となり、順当に後の結果が出てくる」というつなぎ方です。

【逆接】例：しかし・だが・でも・けれども・ところが
前の事柄とは反対の内容の事柄が後に続くことを示す
【順接】例：だから・すると・したがって・よって
前の事柄が原因・理由となり、順当に後の結果が出てくる

一番わかりやすいのは「逆接」です。

Aの文から見てみましょう。

A　僕は大学を受験する。〔A〕しかし　現代文の勉強はしたくない。

順当に予想される結果とは反対の内容

「大学を受験する」場合、順当にいくと「勉強する」はずなのですが、そうではないということを言っています。そのため、〔A〕には、③の「しかし」が入ります。

次の「だから」と「そして」は、少し難しいです。

B　僕は大学を受験する。〔B〕現代文の勉強をはじめた。

（そして　だから）

順当に予想される結果

C　僕は大学を受験する。〔C〕大学で文学を学ぶ。

（そして）

ありうる結果

Bの文は「多くの人がするであろう」ことが書かれているのに対して、Cの文は「そうする人もいるが、そうしない人もいる」ことが書かれています。大学を受験するからといって、みんなが大学で文学を学ぶとは限らないですよね。そのような場合は、「順当に起こる結果」ではないので、②の「だから」を使うことができません。〔C〕には①の「そして」を入れましょう。

〔B〕には、①の「そして」と②の「だから」の両方とも入ります。

「そして」は「前の事柄に後の事柄がつながる」ということを示すだけで、いろいろな使い方ができます。ですから、「そして」しか使えないところに優先的に入れてください。すると、〔B〕には②の「だから」が入るとわかります。

今回の問題は、〔A〕↓〔C〕↓〔B〕の順番で解くと、うまく解けるのです。

次は、入試問題を解くときにもよく使う「接続表現」を見ていきましょう。「説明・補足」と呼ばれる「接続表現」なのですが、じつはひとまとまりにするにはあまりにも機能が違うので、しっかり分けて整理しておかなければいけないんです。

それでは、実践問題を見てみましょう。

実践問題 7 次の文章を読んで、後の問いに答えよ。

古代ギリシアでは天文学の研究が盛んで、ギリシア人は「地球は丸い」ことを知っていたと言われている。おそらく「地球は丸い」と考えた人たちは、いろいろな出来事を観察して、そうした出来事の全体を照らし合わせて、一つの仮説にたどり着いたのだろう。〔ア〕、「海岸から水平線をみていると、近づいてくる船のマストの先が、最初にみえる」。「船を一つの方向へ、たとえば、西へ西へと航海すると、地球を一周することができる」。〔イ〕、「月食は、地球からみて、太陽と月が正反対にあるときに起こる」。そうだとすると、「月食の丸くて暗い部分は地球の影ではないか」、といった具合である。

こうして、対応説とはちがった考え方、〔ウ〕、個々の文が互いに「つじつまが合っている」ときにはじめて真だと言える、という考え方が提案された。このような考え方は「整合説」と呼ばれている。これは、たとえて言うなら、辞書の項目どうしの関係のようなものである。

（小林睦・篠澤和久「本当のことを知っているとはどういうことか―知識と真理―」より）

問　空欄〔ア〕～〔ウ〕に入る言葉を、次の選択肢①～③からそれぞれ一つ選べ。

①　たとえば　　②　つまり　　③　あるいは

まずは〔ア〕から見ていきましょう。

おそらく「地球は丸い」と考えた人たちは、いろいろな出来事を観察して、そうした出来事の全体を照らし合わせて、一つの仮説にたどり着いたのだろう。〔ア〕、「海岸から水平線をみていると、近づいてくる船のマストの先が、最初にみえる」。「船を一つの方向へ、たとえば、西へ西へと航海すると、地球を一周することができる」。〔イ〕、「月食は、地球からみて、太陽と月が正反対にあるときに起こる」。そうだとすると、「月食の丸くて暗い部分は地球の影ではないか」、といった具合である。

〔ア〕の前には、「いろいろな出来事」「仮説」とあります。〔ア〕の後ろには、いろいろな出来事が並べられ、そこから導き出される仮説が書かれています。前が〈まとめ〉で、後ろが〈その中の一部分〉となっているので、①「たとえば」が入るとわかります。

「たとえば」は「例示」の接続表現で、後ろに具体例が来ることを教えてくれます。入試でもよく出ますので覚えておきましょう。

次は〔イ〕ですが、前には出来事の具体例が二つ並べられていて、後ろに出来事の具体例が一つ書かれています。このようにいくつかのものが並べられているときには、③「あるいは」が入ります。「あるいは」は対比・選択の接続表現です。いろいろな事柄を並べあげるときに使います。

「さらに」などの重ねて加える働きをする接続表現との違いは、「あるいは」が少なくともどちらか一方を選ぶのに対して、「さらに」は前も後ろも両方とも必要になるときに使います。

慣れないうちはあまり気にしなくてもよいですが、難しい問題を解くときには必要になりますので、頭の片隅においておいてください。

最後は〔ウ〕です。本文を見てみましょう。

こうして、対応説とはちがった考え方、〔ウ〕、個々の文が互いに「つじつまが合っている」ときにはじめて真だと言える、という考え方が提案された。このような考え方は「整合説」と呼ばれている。これは、たとえて言うなら、辞書の項目どうしの関係のようなものである。

〔ウ〕の前後は両方とも「〜考え方」となっています。

「個々の文が互いに『つじつまが合っている』ときにはじめて真だと言える、という考え方」は、「整合説」と呼ばれるものだと説明されています。この「整合説」は、「対応説とはちがった考え方」なので、〔ウ〕の前後の「考え方」は、同じ内容を表しているとわかります。この二つの「考え方」は、「同格（＝同じものが並んでいる）」ということです。同じものをつなぐときは、②「つまり」を入れましょう。

「つまり」は換言《かんげん》（いいかえ）の接続表現です。これも大学入試によく出題されます。

【例示】例：たとえば

後ろに具体例が来ることを示す

【並立・累加】例：かつ・また・および・それから・それに・さらに・しかも・ならびに

前の内容も後ろの内容も両方とも必要だということを示す

【対比・選択】例：または・あるいは・もしくは・ないしは・それとも

前の内容か後ろの内容か少なくともどちらか一方を選ぶということを示す

【換言・要約】例：つまり・すなわち・要するに・言い換えると

前の内容と後ろの内容が同内容であることを示す

接続表現は直接的に問題で問われることも多いですが、文章を読むときにも使います。**接続表現の働きを知っていると、次の展開の予想がつくようになります**から、だいぶ読みやすくなるはずです。

覚醒ポイント

「接続表現」を見つけたら、前後の関係を必ずチェックする。

第三回

現代文の読み方決定版

筆者が使うテクニックを学んで「筆者の主張」をとらえよう！

今回は、**「筆者の主張」**について学びましょう。

現代文の筆者は、「みなさんにこのことをイイタイ」という思いで、文章を書いています。そして、**現代文の入試問題は、その筆者のイイタイコト＝主張をきちんとわかったかどうか試しています**。

では、筆者の主張は、どのようにとらえたらよいのでしょうか？　筆者の主張をとらえるためには、筆者が主張を伝えるときに使う「テクニック」を発見すればよいのです。

その、筆者が主張を伝えるための「テクニック」を、**「レトリック（説得術）」**といいます。

みなさんも、自分の言いたいことが相手に伝わらないときには、「どうしてわかってもらえないんだ！」と悔しい思いをしますよね。そのようなときに便利なのが「レトリック」です。

筆者も、自分の主張を読者に伝えるために「レトリック」を使い、あの手この手で説得しようとしてきます。だからこそ、現代文の勉強では、「レトリック」を学ぶ必要があるのです。

代表的な「レトリック」には、①「具体例・体験談」「比喩《ひゆ》（たとえ）」、②「論証」、③「問題提起」、④「引用」、⑤「譲歩《じょうほ》」があります。

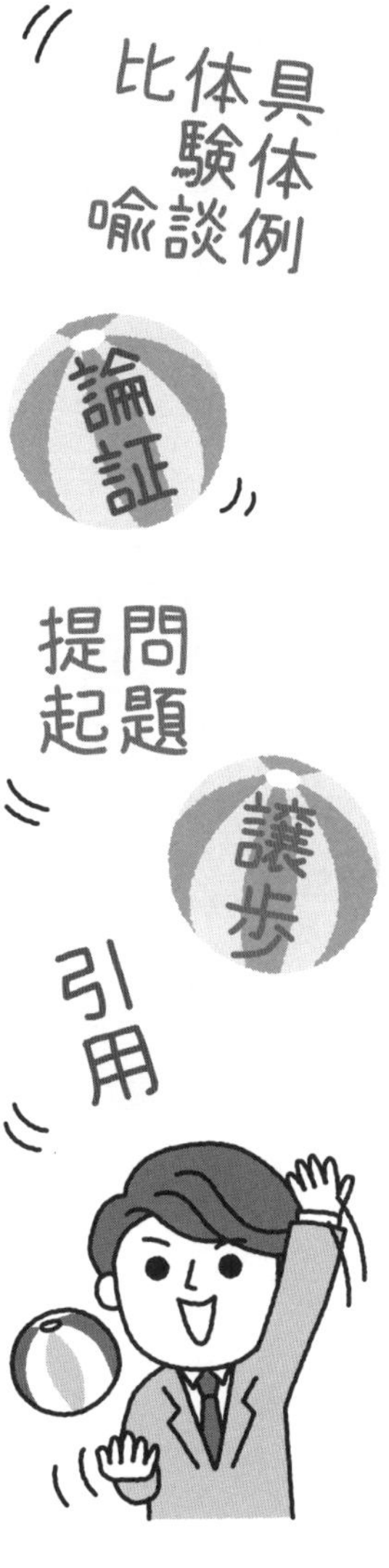

覚醒ポイント

「筆者の主張」をとらえるために、「レトリック」を学ぼう。

三 「具体例・体験談」「比喩（たとえ）」から、筆者の主張をつかもう！

最初に学んでもらいたい「レトリック」は、**「具体例・体験談」「比喩（たとえ）表現」**です。

筆者は、自分の主張を読者にわかってもらうために、一部分を具体例として示したり、体験談を語ったり、もしくは比喩（たとえ）表現を用いたりします。そのほうが、読者がイメージしやすくなるからです。**筆者がわかりやすく説明するために、「具体例・体験談」「比喩（たとえ）」を出してきたら、その前後には、筆者の主張が書かれているはずだ**と考えましょう。

例題 8 **次の文章を読んで、後の問いに答えよ。**

授業には筆記用具を持って来るべきだ。筆記用具とは、たとえば、シャープペンシルやボールペン、鉛筆や万年筆などである。このような筆記用具がないと、授業でメモを取れないので、授業には必ず持って来るべきである。

問 この文章における「筆者の主張」として最も適当なものを、次の選択肢①～③から一つ選べ。

① 授業には筆記用具を持って来るべきだ。

② 筆記用具とは、たとえばシャープペンシルやボールペン、鉛筆や万年筆などである。

③ 筆記用具がないと、授業でメモが取れない。

この文章で注目すべきポイントは、二文目の「たとえば」という接続表現と、三文目の「このような」という指示語です。

「たとえば」という接続表現は、後ろに「具体例」が来る合図になっています。そして、「このような」は、「まとめの指示語」でしたね。ここまでの具体例をまとめる働きをしています。主張は、具体例の前後に書かれていることが多いので、一文目に目を向けましょう。すると、「授業には筆記用具を持って来るべきだ」とあり、これがこの文章の主張だとわかりますね。正解は①になります。

②は「具体例」です。「具体例」は、主張をわかりやすくするためのものですが、あくまでも「例」であり、主張そのものではありません。そのため、②は正解として選べないのです。**「具体例」は主張になりません。**気をつけてくださいね。

③については、本文に「筆記用具がないと、授業でメモを取れないので」とあるため、これは主張の「理由」だということがわかります。「理由」は、主張が正しいことを補強する役割をしますが、やはり主張そのものではありません。そのため、**「理由」も主張にはなりません。**

「筆者の主張」は「具体例」の前後にある。
「具体例」「理由」は主張にはならない。

8 次の文章を読んで、後の問いに答えよ。

1 「真である」とは何かと問われて、まず最初に思いつくのは、現実と文が合致していることだ、という答えであろう。

2 たとえば、誰かが「このマグカップは白い」と言ったとする。この発言は、眼《め》の前にマグカップが現にあり、実際にそれが白いときには「真」となるが、マグカップが白くないときには「偽」となるだろう。つまりこれは、「このマグカップは白い」という文と眼前の現実とのあいだに、対応または一致があるかないかによって、真か偽かが決まる、という考え方である。

3 ふつう、こうした考え方は、「対応説」と呼ばれる。これは古代から現代に至るまで、多くの人びとに支持されてきた考えである。イメージとしては、図鑑と実物との関係のようなものを、思いうかべてみるとよいかもしれない（ただし、これはあくまでも、文と現実との対応関係を理解するための比喩である）。

（小林睦・篠澤和久「本当のことを知っているとはどういうことか―知識と真理―」より）

問 傍線部「対応説」とはどのような考え方か。次の選択肢①～③から最も適当なものを一つ選べ。

① 現実と文が合致しているかどうかで、真か偽かが決まるという考え方。

② 「このマグカップは白い」という文と眼前の現実とのあいだに、対応または一致があるかないかによって、真か偽かが決まる、という考え方。

③ 図鑑と実物との関係のように対応または一致があるかないかによって、真か偽かが決まる、とい

う考え方。

ここでも、第2段落の「たとえば」という接続表現と、第3段落の「こうした」という「まとめの指示語」に注目します。すると、第2段落が「具体例」だということがわかります。「具体例の前後に筆者の主張がある」ならば、ここで筆者が言いたい「対応説」については、第1段落に書かれていると考えられます。このことから、正解は①となります。

②はどうでしょうか？　第2段落の「具体例」の中身を解答しているため、②は不正解です。

③は、「現実」を「実物」に、「文」を「図鑑」に置き換えて、比喩によって説明しています。そのため、③は正解として選ぶことができません。傍線部の内容を説明する問題では、「具体例・体験談」や「比喩（たとえ）」は解答にならないということを覚えておきましょう。

覚醒ポイント

「具体例・体験談」「比喩（たとえ）」の前後を見て、筆者の主張を探す。

三 筆者の主張の「根拠」をとらえよう！

今回は**「論証」**について学びましょう。

ところで、みなさんは家族や友人の話を聞いたときに、「なんか納得できないな」と思ったことはありませんか？　たとえば、僕は「早起きの習慣をつけなさい」と言われたとき、「ギリギリまで寝ていてもいいじゃないか」と思ったことがあります。このように、誰かが言いたいことは、相手にとっては納得のいかないものである場合が多いんですよ。そのときに大事なのが、「論証」というレトリックなんです。

この「論証」は、レトリックの中でも王様と言っていいほどのものなんです。ぜひとらえられるようになりましょう。

「論証」とは、「根拠を述べて主張を導くこと」です。

たとえば、「天気予報で午後から雨が降ると言っていたよ。だから、今日は傘を持って行きなさい。」という文章は、最初の「天気予報で午後から雨が降ると言っていた」という部分が根拠となって、次の「今日は傘を持って行きなさい」という主張を導いています。

「根拠」に注目しながら文章を読むと、「主張」をつかむことができるようになります。

では、どのようにして「根拠」をとらえるかというと、**「主張の飛躍《ひやく》を埋める説明」を探す**んです。

たとえば、「入試に合格するためには、早起きの習慣をつける必要がある」と言われたとき、「合格」と「早起き」は一見つながらないですよね。これが「飛躍」です。

そして、この飛躍を埋める説明としては、「入試は朝行われる」などが考えられます（朝行われる入試で頭をフル回転させるためには、朝早く起きて、試験開始の時刻には脳が働く状態にしておく必要がありますね）。

このように、「飛躍を埋める説明を探す」ということを意識すると、「根拠」がとらえやすくなります。

例題 9

次の文章を読んで、後の問いに答えよ。

現代文の勉強は重要だ。たしかに、日本語なので勉強しなくてもできると思ってしまうかもしれない。しかし、現代文にも「文法」や「レトリック」というルールがある。そのようなルールを知らないと得点できない。したがって、現代文を勉強しなければならないのである。

問 傍線部「現代文を勉強しなければならない」とあるが、それはなぜか。その答えとして最も適当なものを次の選択肢①～③から一つ選べ。

① 現代文の勉強は重要だから。
② 日本語なので勉強しなくてもできると思ってしまうから。
③ 「文法」や「レトリック」というルールを知らないと得点できないから。

「なぜか」と問われたときには、傍線部の「根拠（理由）」を説明することが求められています。

ですから、傍線部の「根拠」をとらえる必要があります。「現代文を」と「勉強しなければならない」の間に飛躍があると考えて、その飛躍を埋める「現代文」の説明をとらえましょう。

傍線部の直前に、「したがって」という接続表現があることに注目しましょう。ここから、傍線部が「主張」で、その前の部分が「根拠」なのだとわかります。ここでは、「現代文にも『文法』や『レトリック』というルールがある。そのようなルールを知らないと得点できない」という部分です。

ということで、③が正解となります。

①は、傍線部と同じ「主張」になっています。「なぜか」と問われたときには「根拠」を答えなければならないので、同じ「主張」が書かれている①は正解にはなりません。

また、②は、本文中の「日本語なので勉強しなくてもできると思ってしまうかもしれない」という部分と同じですが、直後に、逆接の接続表現「しかし」がありますね。ここから、論拠となる「現代文にも『文法』や『レトリック』というルールがある。そのようなルールを知らないと得点できない」という部分とは「反対の内容」であることがわかるので、②も正解にはなりません。

ちなみに、「だから」や「なぜならば」という接続表現に注意すると「根拠」をとらえやすくなるので、覚えておいてください。

「論証」とは、「根拠」から「主張」を導くことである。

実践問題 9

次の文章を読んで、後の問いに答えよ。

1 対応説は、真理についての一つの考え方を示したが、問題がないわけではない。

2 たとえば、先にみた「このマグカップは白い」という文が真か偽かは、実際に眼《め》の前のマグカップをよく観察すればすぐにわかるように思われる。文と現実の対応は、簡単に確かめられるからである。しかし、「地球は丸い」という文はどうだろうか。この文が真か偽かは、すぐにはわからない。宇宙飛行士でもなければ、地球の全体を直接みることはできないからである。宇宙船がなかった時代の人びとは、どのようにして、こうした文が真である、と考えたのだろうか。

（小林睦・篠澤和久「本当のことを知っているとはどういうことか―知識と真理―」より）

問 傍線部「この文が真か偽かは、すぐにはわからない」とあるが、それはなぜか。その答えとして最も適当なものを次の選択肢①～③から一つ選べ。

① 対応説は、真理についての一つの考え方を示したが、問題がないわけではないから。

② 文と現実の対応は、簡単に確かめられるから。

③ 宇宙飛行士でもなければ、地球の全体を直接みることはできないから。

「なぜか」と聞いていますから、傍線部の「根拠（理由）」をとらえる問題です。「この文（＝「地球は丸い」という文）が真か偽かは」という部分と、「わからない」という部分に飛躍があるので、それを埋める説明を探しましょう。すると、傍線部の直後に「宇宙飛行士でもなければ、地球の全体を直接みることはできないからである」という根拠が述べられていますから、正解は③だとわかります。

①は、第1段落に書かれていることですが、第1段落には「主張」が書かれており、傍線部のある第2段落は、その「具体例」になっています。そのため、第1段落は、第2段落にある傍線部の根拠にはならず、①は不正解です。

②は、本文で「～からである」という終わり方をしているので、「根拠（理由）」のように思えるかもしれません。ですが、その直後の「しかし」という逆接の接続表現に注目しましょう。

文と現実の対応は、簡単に確かめられるからである。しかし、「地球は丸い」という文はどうだろうか。この文が真か偽かは、すぐにはわからない。宇宙飛行士でもなければ、地球の全体を直接みることはできないからである。

これによって、「しかし」の前の内容は、傍線部の内容とは反対であることがわかるので、②は不正解となります。

今回の「論証」は最も説得力のある「レトリック」で、最重要のものです。ぜひ、とらえられるようになってください。

覚醒ポイント

「根拠」をとらえるために、飛躍を埋める説明を探す。

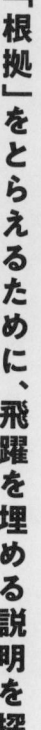

三

「疑問文」があった場合、その後の「答え」が筆者の主張！

続いて、「その他のレトリック」について学びます。

「具体例・体験談」「比喩（たとえ）」「論証」以外のレトリックとしては、**「問題提起」「引用」「譲歩」**があります。一つずつ理解して覚えていきましょう。

まずは**「問題提起」**から見ていきましょう。

みなさんは、現代文の読解の際に、筆者が「どうして〜なのだろうか？」などの問いかけをしている部分（＝疑問文）を、どのように読んでいますか？　「筆者もわからないことを読者に聞かないでよ」と思っている人もいるかもしれませんね。しかし、多くの場合、筆者は読者に答えを求めているわけではないんです。**筆者は疑問文によって読者に問いかけた後、自分で答えを言うんです。**

これが、筆者の主張を強調するレトリック、**「問題提起」**です。

もう一つは「いや、〜ない」という意味が含まれている「反語」があるのですが、今回は「問題提起」を学びましょう。

「問題提起」の「提起」とは、あるものごとを話題として持ち出すことです。筆者が持ち出した話題をつかみ、その答えを探していきましょう。

例題 10

次の文章を読んで、後の問いに答えよ。

現代文の成績を上げるために重要なことはなんだろうか。それはレトリック（説得術）の勉強である。

問 傍線部「現代文の成績を上げるために重要なこと」とあるが、それは何か。簡潔に答えよ。

傍線部のある一文は、「～はなんだろうか」という疑問文になっています。疑問文は、「問題提起」と考えて、後ろに答えを探しましょう。すると、「それはレトリック（説得術）の勉強である」と書かれているので、この部分が、筆者の言いたいことだとわかります。

正解は、「レトリック（説得術）の勉強」です。

疑問文があったら、その後の答えが筆者の主張となる。

「問題提起」の考え方がわかったところで、実践問題をやっていきましょう。

実践問題 10

次の文章を読んで、後の問いに答えよ。

そもそも頭の中に知識をインプットするのは何故だろう？　どうして頭の中に入れなければならな

いのか。それは、咄嗟《とっさ》のときに辞書など引いていられなかったり、人にきくことができない環境であれば、頭にストックしている価値がある。今は、みんながスマホを持っていて、なんでも手軽に検索できるのだから、この価値は下がっているだろう。

であれば、苦労して覚えなくても、ただ辞書を買って持っていれば良いではないか、という話になる。ネットに依存している現代人の多くが、これに近い方針で生きているようにも見えてしまう。

しかし、そうではない。知識を頭の中に入れる意味は、その知識を出し入れするというだけではないのだ。頭の中で考えるときに、この知識が用いられる。じっくりと時間をかけて考えるならば、使えるデータがないかと外部のものを参照できるし、人にきいたり議論をすることもできるが、一人で頭を使う場合には、そういった外部には頼れない。

（森博嗣『読書の価値』より）

問 傍線部「頭の中に知識をインプットする」とあるが、それはなんのために行うのか。筆者の考えとして最も適当なものを次の選択肢①〜③から一つ選べ。

① 必要なときにすぐ知識を出すため。
② スマホで手軽に検索するため。
③ 一人で頭を使って考えるため。

傍線部のある一文は「問題提起」になっています。次の文も同様の文です。

そもそも頭の中に知識をインプットするのは何故だろう？　どうして頭の中に入れなければならないのか。

主部
述部
疑問文＝問題提起

「問題提起」を確認したら、「答え」を探します。すると、次に答えが出てきます。

それは、咄嗟のときに辞書など引いていられなかったり、人にきくことができない環境であれば、頭にストックしている価値がある。

それでは、これは「筆者の主張」なのでしょうか？　じつは違います。次を見てみましょう。

今は、みんながスマホを持っていて、なんでも手軽に検索できるのだから、この価値は下がっているだろう。

であれば、苦労して覚えなくても、ただ辞書を買って持っていれば良いではないか、という話になる。ネットに依存している現代人の多くが、これに近い方針で生きているようにも見えてしまう。

しかし、そうではない。知識を頭の中に入れる意味は、その知識を出し入れするというだけではないのだ。

このように、「知識を頭の中に入れる意味は、その知識を出し入れすることだ」という考え方だけではないと筆者は言います。**「しかし」の後や、「だけではない」の後に、筆者の主張が書かれることが多い**ということを覚えておいてください。それでは、後ろを見てみましょう。

答え

頭の中で考えるときに、この知識が用いられる。じっくりと時間をかけて考えるならば、使えるデータがないかと外部のものを参照できるし、人にきいたり議論をすることもできる が 、一人で頭を使う場合には、そういった外部には頼れない。

この部分が、最初の「問題提起」に対する筆者の「答え」です。

よって、正解は③「一人で頭を使って考えるため」となります。

①「必要なときにすぐ知識を出すため」も、たしかに本文に書かれています。ですが、①は、「だけでなく」の前に書かれていることなので、あまり重要だとは思われていないと考えるべきなのです。筆者がより言いたいのは③であって、①ではないのです。

また、②「スマホで手軽に検索するため」では、頭の中に入れなくてもよいことになってしまいます。そのため、②は間違いです。

覚醒ポイント

疑問文があったら、その答えを探そう。

三 筆者は他人の文を「引用」して主張する！

今回のレトリックは**「引用」**です。

筆者は自分の著作の中で、他人の書いた文章などを用いることがあります。これを「引用」といいます。

その「引用」部分は、筆者の意見と同じものであったり、反対であったり、筆者の意見の根拠であったり、具体例であったり……とさまざまな可能性があります。

ですから、**「引用」があったら、「引用」部分がどのような役割をするのかを考えながら、その後に続く「筆者の説明」を探すようにしましょう**。

例題 11 **次の文章を読んで、後の問いに答えよ。**

松尾芭蕉《まつおばしょう》は次のような俳句を詠んだ。

古池や蛙飛び込む水の音

この句は、日本人の自然に対する美意識を表している。

問　傍線部「古池や蛙飛び込む水の音」の句を、筆者はどのような句ととらえているか。次の選択肢①～③から最も適当なものを一つ選べ。

① わびさびの境地を表している句。
② 静けさを表している句。
③ 日本人の自然に対する美意識を表している句。

ものすごく有名な芭蕉の句を引用しています。この句は、実際にさまざまな解釈が可能なので、句だけを見て解答すると間違える可能性があります。しかし、**「引用があったら、後に続く筆者の説明を探す」**ということを実践してもらえれば、正解できます。正解は③です。

他の選択肢は、句だけを見ていると正解に思えるかもしれませんが、ここでは、あくまでも「筆者の説明」をとらえて解答することが求められています。

ちなみに、「わび」は「足りない中に心の充足を見いだそうとする意識」のことです。「さび」は「しずかさの中に豊かなものが感じられる美しさ」のことです。

このように、「引用」には哲学者の難しい文章があったり、いろいろな意味で受け取れる詩があったりと、単独で理解することが難しい場合が多いのですが、恐れる必要はありません。その後に続く「筆者の説明」を読めば、きちんとわかるようになっています。

筆者が他人の文章などを自分の著作の中に用いることを「引用」という。「引用」の後に続く「筆者の説明」を読んで、引用の役割を考える。

実践問題 11

次の文章を読んで、後の問いに答えよ。

岡本太郎（芸術家、一九一一〜一九九六）は感性について次のように言っている。

感性をみがくという言葉はおかしいと思うんだ。
感性というのは、誰にでも、瞬間にわき起こるものだ。
感性だけ鋭くして、みがきたいと思ってもだめだね。
自分自身をいろいろな条件にぶっつけることによって、はじめて自分全体の中に燃えあがり、広がるものが感性だよ。

（『強く生きる言葉』）

至極まっとうな言葉だと思う。とくに哲学的な定義に頼らずとも、感性に実体などないのだから、どんな道具を使ってもみがけるはずがない。にもかかわらず、しばしば私たちは「□」などと口にしてきた。どうしてだろう。

（椹《さわら》木野衣《ぎのい》『感性は感動しない　美術の見方、批評の作法』より）

問　□に入る語句を本文中から探し、抜き出して答えよ。

「引用」がありますが、ひとまずさっと目を通す程度でかまいません。その後に続く「筆者の説明」が大事です。

空欄のある文に、「逆接」の接続表現「にもかかわらず」が使われていますから、前と反対の内容が空欄に入るはずです。この前の文を見てみましょう。

至極まっとうな言葉だと思う。とくに哲学的な定義に頼らずとも、感性に実体などないのだから、どんな道具を使ってもみがけるはずがない。

逆接 にもかかわらず、しばしば 主語 私たちは 述部「　　」などと口にしてきた。

前の文では、「(感性を) みがけるはずがない」と言っています。ですから空欄には、それとは反対の「みがく」が入るはずですね。今回は本文から抜き出す問題ですから、本文中から探しましょう。

ここでどこを見たらいいかというと、「引用」部分です。なぜなら、問題になっている部分では、「引用」の説明をしているからです。すると、「引用」部分の冒頭に「感性をみがく」という表現が見つかりますね。

この、「感性をみがく」が正解となります。筆者は、岡本太郎が世間一般の『私たち』とは違う意見を持っていることを示し、自分も岡本太郎と同じ考えであることを伝えるために、「引用」をしたのです。

覚醒ポイント
「引用」だけにとらわれず、筆者の説明を探そう。

三 筆者はあえて反対の意見に一歩譲る！

最後は**「譲歩」**のレトリックを確認しましょう。

筆者は、時に自分の意見とは反対の意見を取り上げることがあります。それは、**後で自分の主張を強調するため**なのです。

「私は反対の意見があることも知っていますよ。それでも、私の主張のほうがいいですよ」と言うと、説得力が増しますよね。これが反対の意見に一歩譲る「譲歩」のレトリックです。

例題 12

次の文章を読んで、後の問いに答えよ。

現代文は日本語だから勉強しなくてもよいという意見があるが、本当にそうだろうか。たしかに、現代文は読めばなんとなくわかるような気がする。しかし、現代文は勉強する必要がある。なぜなら、現代文は日常的な日本語よりも、はるかに難しいレベルの日本語であるからだ。

問 本文における「筆者の主張」は何か。次の選択肢①～④から最も適当なものを一つ選べ。

① 現代文は勉強しなくてもよい。

② 現代文は読めばなんとなくわかる。

③ 現代文は勉強する必要がある。

④ 現代文は日常的な日本語よりもはるかに難しいレベルの日本語である。

まずは、本文を分析してみましょう。

主部：現代文は日本語だから勉強しなくてもよいという意見が　述語：あるが、　問題提起：本当にそうだろうか。

たしかに、現代文は読めばなんとなくわかるような気がする。　反対の意見（譲歩）

逆接：しかし、現代文は勉強する必要がある。　答え＝筆者の主張

なぜなら、現代文は日常的な日本語よりもはるかに難しいレベルの日本語であるからだ。　根拠

最初の文は「問題提起」で、次の文が「譲歩」です。**「たしかに」は譲歩の合図**なので、覚えておくとよいでしょう。**「しかし」の後が筆者の主張**です。よって、正解は③です。

①と②は、反対の意見です。④は、主張の根拠です。

また、「たしかに」以外にも、**「もちろん」「なるほど」「むろん」**なども**譲歩の合図**です。こちらも覚えておいてくださいね。

「たしかに」「もちろん」「なるほど」「むろん」は、「譲歩」の合図である。それに続く「しかし」などの逆接の接続表現の後に、「筆者の主張」が書かれている。

実践問題 12

次の文章を読んで、後の問いに答えよ。

1 日本人は修行が好きだ。歴史物語でも伝記物でも、努力した者が高く評価される。一種の因果応報の思想かもしれない。高じて敗者にさえ独特の美学を見ようとする。むろん、それはそれで独自のドラマツルギー（劇作法）を生み出した。梶原一騎《かじわらいっき》の劇画的世界などが典型だろう。私も決して嫌いではない。が、野球や拳闘《けんとう》のみならず、この筋でいくと、芸術まで苦行をよしとするようになってしまう。が、それはちょっとまずいのではないか。

2 スポーツや学問がある種の苦行を必要とするというのは真実だ。それは芸能でも同じであろう。たしかに芸能で修行は絶対の条件であり、技は磨かれなければ到底見られたものではない。しかし芸術はどうであろうか。芸術に修行が必要だろうか。

3 たぶん、こんな疑問が出ること自体、私たちが芸術と芸能の区別があまりできていないことを示していくのではないか。

4 はっきり言うが、芸術に技は必ずしも必要ではない。芸術に必要なのは、圧倒的に感性である。

（椹木野衣《さわらぎのい》『感性は感動しない　美術の見方、批評の作法』より）

問 傍線部「それはちょっとまずいのではないか」とあるが、そのようにいえるのはなぜか。次の選択肢①～③から最も適当なものを一つ選べ。

① 日本人は修行が好きで、努力した者が高く評価されるから。
② 芸能では技を磨くための修行は絶対の条件であるから。
③ 芸術に必要なのは修行による技ではなく感性であるから。

まず、傍線部に指示語がありますから、指示内容をとらえましょう。

それは（主語）　ちょっとまずいのではないか。（述語）
↑ 指示内容：芸術まで苦行をよしとするようになってしまう。が

指示内容をとらえると、〈芸術まで苦行をよしとするようになってしまうのは、ちょっとまずいのではないか〉という主張がわかります。この「根拠」をとらえればいいのです。根拠はどこにあるのでしょうか？まず前にはありません。なぜなら、「が」という逆接の接続表現が使われているからです。それでは後ろを見て、「芸術」についての説明を探していきましょう。

スポーツや学問がある種の苦行を必要とするというのは真実だ。それは芸能でも同じであろう。

反対の意見（譲歩）

たしかに　芸能で修行は絶対の条件であり、技は磨かれなければ到底見られたものではない。

逆接　主語　述部　問題提起

しかし　芸術は　どうであろうか。芸術に修行が必要だろうか。

第2段落を読むときに注意したいのが、**「たしかに……。しかし……。」の譲歩のカタチ**です。筆者のイイタイコトは、「しかし」の後です。しかも、今回とらえたいのは「芸術」に関する意見です。ですから、「しかし」の後を見ましょう。すると〈問題提起〉のカタチになっています。あとは、「答え」を発見すればいいですね。

たぶん、こんな疑問が出ること自体、私たちが芸術と芸能の区別があまりできていないことを示しているのではないか。

答え

はっきり言うが、芸術に技は必ずしも必要ではない。芸術に必要なのは、圧倒的に感性である。

筆者は「はっきり言うが」とことわって、自分の〈答え〉を示します。ここが、筆者の「芸術」に関する考え方です。この部分をもとにして解答を選びましょう。

正解は、③「芸術に必要なのは修行による技ではなく感性であるから」です。ちゃんと「芸術」に関する説明になっています。

①「日本人は修行が好きで、努力した者が高く評価されるから」は、傍線部より前に書かれている部分ですから、間違いです。

②「芸能では技を磨くための修行は絶対の条件であるから」は、「譲歩」の一部であって、筆者の意見とは異なる内容ですから、これも間違いです。

「譲歩」が見抜けると、解答しやすくなりますね。

覚醒ポイント

「譲歩」の後につづく、筆者の主張をとらえよう！

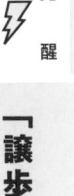

三 小説文の「心情」をとらえよう！

ここまでは、評論文でよく使われるレトリックを学習してきました。頑張って読んでくれたみなさんには、大学入試の評論文を正しく読み解く力が身についていますよ！

さて、今回は、大学入試で評論文の次に出題の多い小説文について学びましょう。

今回のテーマは、**小説文の「心情」**です。

じつは、僕は小学校のころから小説文（物語文）が苦手でした。「作者の気持ちになりましょう」「登場人物の気持ちになりましょう」「情景描写から心情を読み取りましょう」と言われることが多かったのですが、「いや、ムリでしょ」と思っていたんです。

しかし、大学入試の勉強をする中で小説の正しい読み方を学んだら、一気にできるようになりました。ぜひみなさんにも、小説文が得意になってもらいたいですね。

実は、「心情」って書かれていない場合もあるんです。では、どうやって、書かれていない心情をとらえればよいのでしょうか？　試しに例題をやってみましょう。

例題 13

次の文章を読んで、後の問いに答えよ。

K助は訳《わけ》もなく殴られた。K助は泣いた。

問　傍線部「K助は泣いた」とあるが、このときの「K助」の気持ちとして最もふさわしいものを次の選択肢①〜③から一つ選べ。

①嬉《うれ》しかった　②悲しかった　③感動した

本文中に心情表現はありません。ではどうしたらよいかというと、「因果関係」を考えるんです。「K助は泣いた」という反応だけでは心情はわかりませんが、原因として「K助は訳もなく殴られた」と書かれています。これが原因で泣いたので、②「悲しかった」が正解なのではないかと考えます。ほとんどの人は、殴られるのは嫌ですよね。このように、**文中に書かれていない「心情」も、原因と結果から考えることができます**。

もちろん、僕は殴られていませんから、K助の気持ちになることはできません。しかし、原因を踏まえて理解することはできます。これが、大学入試現代文の小説の読み方なのです。

「心情」は「登場人物の気持ちになる」のではなく、「因果関係」をとらえて客観的に理解する。

また、心情の「因果関係」には、よく出てくるカタチがあるので、そのカタチを覚えておくと心情が読み取りやすくなります。四つの心情のカタチを覚えておきましょう。

まずは、**「単純な心情」**というカタチです。これは、「原因」と「心情」と「結果（行動・反応・発言）」が一セットになっているものです。先ほどの例題で確認してもらったように、「心情」は直接書かれていない場合も多いです。だからこそ、**「原因」と「結果」から「心情」を考えるようにしていきましょう。**

二つ目は、**「心情の変化」**です。登場人物の心情は、ずっと同じとは限りません。むしろ、途中で変わることがあります。そして、心情が変わるときには必ず「変化の原因」があります。

たとえば、「K助は悲しかった。ところが、K助がずっと好きだったA子が泣いているK助を慰めてくれた。K助は嬉しくなった。」とあったとしましょう。ここでは、「K助がずっと好きだったA子が泣いているK助を慰めてくれた」という部分が「原因」となって、K助の心情が変化していることがわかります。このように、**「心情A」→「変化の原因」→「心情B」という三点がセットになっていることが多いので、それを意識してとらえるようにしましょう。**

三つ目は**「結合原因の心情」**です。これは「原因」となる出来事をとらえても、なぜその心情になるのかわからないというものです。ここには「隠れた原因(特殊な事情)」があります。セリフや過去のシーンなどで、登場人物の事情が説明される場合があります。

たとえば、「K助は殴られて、とても嬉しかった」と書いてあったら「？？？」となりますよね。このときに「感情移入」をしてはいけません。だってこのときのK助の心情は、わからないじゃないですか。そこでみなさんは、K助の「特殊事情」をとらえようと考えてください。「K助は、以前からひそかに殴られることを望んでいたのだ」などと書かれていたら、理解はできますよね。K助の気持ちにはなれませんが、理解をすることはできます。このような場合には、**「原因A（出来事）」＋「原因B（特殊事情）」→「心情」**

というように、特殊事情も含めて原因をとらえましょう。

四つ目は、**「心情の交錯《こうさく》」**です。これは相反するような「心情A」と「心情B」が、同時に存在するというカタチです。それぞれの心情の原因をとらえましょう。

たとえば、「K助が想いを寄せているA子が目の前に現れた。K助は嬉しいと同時に恥ずかしい気持ちになった。このとき、K助はダサいジャージを着ていたのだ。」とあるとしましょう。

そうすると、ここでのK助には、

・「K助が想いを寄せているA子が目の前に現れた」→「嬉しい」
・「K助はダサいジャージを着ていた」→「恥ずかしい」

という二つの心情とその原因があります。

このように、**「原因A」→「心情A」、「原因B」→「心情B」、などと区別しながら、原因と心情をセットにしてとらえましょう**。

以上の四つの心情のカタチを覚えておけば、心情はとらえられるようになります。もともと読書が好きな人は、このような読み方のカタチが無意識のうちにできあがっているのです。ですから、本をたくさん読んできた人のほうが、現代文が得意なのは、ある意味で当然の結果かもしれません。しかし、あまり本を読んでこなくて現代文が苦手な人も、これらの心情のカタチを覚えることによって、得意な人と同じくらい心情を読み取れるようになりますよ。

「心情」は四つのカタチでとらえる。

①「単純な心情」

…「原因」→「心情」→「結果（行動・反応・発言）」という最も基本のカタチ

②「心情の変化」

…「心情A」→「変化の原因」→「心情B」などと心情が変化するカタチ

③「結合原因の心情」

…「原因A（出来事）」＋「原因B（特殊事情）」→「心情」という原因が二つあるカタチ

④「心情の交錯」

…（「原因A」→「心情A」）＋（「原因B」→「心情B」）という心情が二つあるカタチ

続いて、実践問題に取り組んでみましょう。

実践問題 13

次の文章を読んで、後の問いに答えよ。

（なお、この文章は、登場人物らが菊人形を見にある小屋に出かけたが、気分が悪くなったという美禰子《みねこ》と一緒に三四郎がその小屋を出て、小川のほとりの草の上に腰をおろしている場面である。）

三四郎は、

「広田先生や野々宮さんはさぞ後で僕等を探したでしょう」と始めて気が付いた様に云った。

美禰子は寧《むし》ろ冷《ひやや》かである。

「なに大丈夫よ。大きな迷子ですもの」

「迷子だから探したでしょう」と三四郎はやはり前説を主張した。すると美禰子は、なお冷かな調子で、

「責任を逃れたがる人だから、丁度好いでしょう」

「誰が？　広田先生がですか」

美禰子は答えなかった。

「野々宮さんがですか」

美禰子はやっぱり答えなかった。

「もう気分は宜《よ》くなりましたか。宜くなったら、そろそろ帰りましょうか」

美禰子は三四郎を見た。三四郎は上げかけた腰を又草の上に卸《おろ》した。その時三四郎はこの女にはとても叶《かな》わない様な気が何処かでした。同時に自分の腹を見抜かれたという自覚に伴う一種の屈辱をかすかに感じた。

（夏目漱石『三四郎』より）

問　傍線部「三四郎は上げかけた腰を又草の上に卸した」とあるが、なぜか。その説明として最も適当なものを、次の選択肢①〜④の中から一つ選べ。

① 美禰子は立とうとしなかったから。
② 美禰子はまだ気分が悪そうだったから。
③ 美禰子に心のうちを見透かされた思いがしたから。
④ 美禰子に睨《にら》まれたから。

三四郎が傍線部のような行動をとった理由を聞いていますから、これは因果関係によって「心情」をとらえる問題だとわかります。

「もう気分は宜《よ》くなりましたか。宜くなったら、そろそろ帰りましょうか」

美禰子は三四郎を見た。 原因

↓

その時三四郎はこの女にはとても叶《かな》わない様な気が何処かでした。同時に自分の腹を見抜かれたという自覚に伴う一種の屈辱をかすかに感じた。 心情

↓

三四郎は（主語）　上げかけた腰を又草の上に卸《おろ》した。（述部） 結果

このように、「原因」「心情」「結果」という単純な心情をとらえることができれば、正解は見えてきます。

正解は、③「美禰子に心のうちを見透かされた思いがしたから」です。この選択肢だけが三四郎の心情を説明したものになっています。他の選択肢は三四郎の心情が説明できていません。

このように、小説問題といえども、「文章をもとにして答える」ということをしっかり守れば正解できるのです。

「センス」や「感性」といったものは不要です。文章をもとにして、因果関係を考えるということを徹底してください。

覚醒ポイント

「小説文」でも「文章をもとにして答える」というルールを守る。

PART 2

第二部

大学入試問題を解いてみよう

第四回

評論文に挑戦しよう

第二部では、いよいよ実際の大学入試問題を解いていきます。今まで学んだことを思い出しながら、文章を読んで問題を解いてみてください。これで中堅私大の入試は突破できるくらいの実力がつきますから、頑張っていきましょう。

第四回は、**「評論文」**です。「評論文」は、私大の入試問題の出題の約8割を占めています。「評論文」は、まず今までに習った「文法」や「レトリック」の知識を生かしながら、「筆者の主張」をとらえることを意識して読んでください。また、最近の入試の問題文は長いので、本文をいくつかの「意味段落」に分けて、「筆者の主張」をとらえるとよいでしょう。

評論文では、いくつかの意味段落に分けて筆者の主張をとらえる。

まずは文章をひととおり読んでみて、それから問題に答えてください。問題を解くときは、「設問を正しく読む」「文章をもとにして答える」ということを意識してくださいね。

問題を解くときは「設問を正しく読む」「文章をもとにして答える」ということを意識する。

それでは、はじめましょう！

入試問題実践1

2019年 近畿大学

次の文章を読んで、後の問いに答えよ。

1 店で商品を購入するとき、金銭との交換が行われる。でも、バレンタインデーにチョコレートを贈るときには、その対価が支払われることはない。好きな人に思い切って、「これ受けとってください」とチョコレートを渡したとき、「え？　いくらだったの？」と財布からお金をとり出されたりしたら、たいへんな屈辱になる。

2 贈り物をもらう側も、その場では対価を払わずに受けとることが求められる。このチョコレートを「渡す／受けとる」という行為は贈与であって、売買のような商品交換ではない。だから「経済」とは考えられない。

3 では、ホワイトデーにクッキーのお返しがあるとき、それは「交換」になるのだろうか。この行為も、ふつうは贈与への「返礼」として、商品交換から区別される。たとえほとんど等価のものがやりとりされていても、それは売買とは違う。そう考えられている。

4 商品交換と贈与を区別しているものはなにか?

5 フランスの社会学者ピエール・ブルデュは、その区別をつくりだしているのは、モノのやりとりのあいだに差しはさまれた「[1]」だと指摘した。

6 たとえば、チョコレートをもらって、すぐに相手にクッキーを返したとしたら、これは等価なものを取引する経済的な「交換」となる。ところが、そのチョコレートの代金に相当するクッキーを一ヵ月後に渡したとしても、それは商品交換ではない。返礼という「贈与」の一部とみなされる。このとき、やりとりされるモノの「等価性」は伏せられ、「交換」らしさが消える。

7 商品交換と贈与を分けているものは[1]だけではない。お店でチョコレートを購入したあと、そのチョコレートに値札がついていたら、かならずその値札をはずすだろう。さらに、チョコレートの箱にリボンをつけたり、それらしい包装をしたりして、「贈り物らしさ」を演出するにちがいない。

8 店の棚にある値札のついたチョコレートは、それが客への「贈り物」でも、店内の「装飾品」でもなく、お金を払って購入すべき「商品」だと、誰も疑わない。でもだからこそ、その商品を購入して、贈り物として人に渡すときには、その「商品らしさ」をきれいにそぎ落として、「贈り物」に仕立て上げなければならない。

9 なぜ、そんなことが必要になるのか?

10 ひとつには、ぼくらが「商品/経済」と「贈り物/非経済」をきちんと区別すべきだという「きまり」にとても忠実だからだ。①この区別をとおして、世界のリアリティの一端がかたちづくられているとさえいえる。

11 そして、それはチョコレートを購入することと、プレゼントとして贈ることが、なんらかの外的な表示（時間差、値札、リボン、包装）でしか区別できないことを示してもいる。

12 たとえば、バレンタインの日にコンビニの袋に入った板チョコをレシートとともに渡されたとしたら、それがなにを意図しているのか、戸惑ってしまうだろう。でも同じチョコレートがきれいに包装されてリボンがつけられ、メッセージカードなんかが添えられていたら、たとえ中身が同じ商品でも、まったく意味が変わってしまう。ほんの表面的な「印」の違いが、歴然とした差異を生む。

13 ぼくらは同じチョコレートが人と人とのあいだでやりとりされることが、②どこかで区別しがたい行為だと感じている。だから、わざわざ「商品らしさ」や「贈り物らしさ」を演出しているのだ。

14 ぼくらは人とモノのやりとりを、そのつど経済的な行為にしたり、経済とは関係のない行為にしたりしている。「経済化＝商品らしくすること」は、「脱経済化＝贈り物にすること」との対比のなかで実現する。こうやって日々、みんなが一緒になって「経済／非経済」を区別するという「きまり」を維持しているのだ。

15 でも、いったいなぜそんな「きまり」が必要なのだろうか？

16 ぼくらはいろんなモノを人とやりとりしている。言葉や表情なども含めると、つねになにかを与え、受けとりながら生きている。そうしたモノのやりとりには、「商品交換」と「贈与」とを区別する「きまり」があると書いた。

17 ひとつ注意すべきなのは、そのモノのやりとりにお金が介在すれば、つねに「商品交換」になるわけではない、ということだ。

18 結婚式のご祝儀や葬儀の香典《こうでん》、お年玉などを想像すれば、わかるだろう。お金でも、特別な演出（祝儀袋／新札／袱紗《ふくさ》／署名）を施すことで贈り物に仕立てあげられる。ふつうは結婚式の受付で、財布からお金を出して渡す人なんていない。

19 なぜ、わざわざそんな「きまり」を守っているのか？　じつは、この「きまり」をとおして、ぼくらは二種類のモノのやりとりの一方には「なにか」を付け加え、他方からは「なにか」を差し引いている。

20 それは、「思い」あるいは「感情」と言ってもいいかもしれない。

21 贈り物である結婚のお祝いは、お金をご祝儀袋に入れてはじめて、「祝福」という思いを込めることができると、みんな信じている。

22 経済的な「交換」の場では、そうした思いや感情はないものとして差し引かれる。マクドナルドの店員の「スマイル」は、けっしてあなたへの好意ではない。そう、みんなわかっている。

23 経済と非経済との区別は、こうした思いや感情をモノのやりとりに A したり、 B したりするための装置なのだ。

24 レジでお金を払って商品を受けとる行為には、なんの思いも込められていない。みんなでそう考えることで、それとは異なる演出がなされた結婚式でのお金のやり取りが、特定の思いや感情を表現する行為となる。

25 それは、光を感じるために闇が必要なように、どちらが欠けてもいけない。経済の「交換」という脱感情化された領域があってはじめて、「贈与」に込められた感情を際立たせることができる。だからバレンタインチョコで思いを伝えるためには、③「商品」とは異なる「贈り物」にすることが不可欠なのだ。

26 この区別は、人と人との関係を意味づける役割を果たしている。

27 たとえば、「家族」という領域は、まさに「非経済／贈与」の関係として維持されている。家族のあいだのモノのやりとりは、店員と客との経済的な「交換」とはまったく異なる。誰もがそう信じている。

28 レジでお金を払ったあと、店員から商品を受けとって、泣いて喜ぶ人などいない。でも日ごろの感謝の気持ちを込めて、夫や子どもから不意にプレゼントを渡された女性が感激の涙を流すことは、なにもおかしくない。

29 このとき女性の家事や育児を経済的な「労働」とみなすことも、贈られたプレゼントをその労働への「対価」とみなすことも避けられる。そうみなすと、レジでのモノのやりとりと変わらなくなってしまう。

30 母親が子どもに料理をつくったり、子どもが母の日に花を贈ったりする行為は、子どもへの愛情や親への感謝といった思いにあふれた営みとされる。母親の料理に子どもがお金を払うことなど、ふつうはありえない。そんな家庭は、それだけで「愛情がない」と非難されてしまう。

31 子育てとは無償の愛情であり、家族からのプレゼントも日ごろの労働への報酬ではなく、心からの愛情や感謝の印である。それは店でモノを買うような行為とはまったく違う。④ぼくらはそのようにしか考えることができない。たとえそのモノが数時間前まで商品棚に並んでいたとしても。

32 家族のあいだのモノのやりとりが徹底的に「脱経済化」されることで、愛情によって結ばれた関係が強調され、それが「家族」という現実をつくりだしている（なぜ「母親」が脱経済化された領域におかれるのかも、ひとつの問いだ）。

33 家族という間柄であれば、誰もが最初から愛にあふれているわけではない。それは脱感情化された「経済＝交換」との対比において（なんとか）実現している。

34 「家族」にせよ、「恋人」にせよ、「友人」にせよ、人と人との関係の距離や質は、モノのやりとりをめぐる経済と非経済という区別をひとつの手がかりとして、［2］のだ。

35 でも、ぼくらがその「きまり」に縛られて身動きがとれないのであれば、社会を動かすことなんてできない。

（松村圭一郎『うしろめたさの人類学』より）

問一 空欄［1］（二箇所ある）に入る言葉として、最も適切なものを次の中から選び、その番号を答えよ。

1 時間　　2 空間　　3 言葉　　4 金銭

問二 傍線部①はどういうことか。最も適切なものを次の中から選び、その番号を答えよ。

1 社会に参加する人々の能動的行為が繰り返されることによって規範が共有されていくということ
2 個人として納得がいかずとも、一度決まった規則には従うべきとする同調圧力があるということ
3 「商品／経済」「贈り物／非経済」の区別に違反すると、現実と虚構の境が消失するということ
4 「贈り物」と「商品」には本質的相違があり、両者の混同は現実的には起こりえないということ

問三 傍線部②の理由として、最も適切なものを次の中から選び、その番号を答えよ。

1 交換と贈与を区別するために必要な条件は相対的で、社会や文化の違いによってまったく変わるから

2 「商品／経済」と「贈り物／非経済」の区別には明確な判断基準がなく、個人によって差が出るから

3 大量生産によって生み出されているので、同一商品を外的な表示の違いで区別することは難しいから

4 交換や贈与でやり取りされるモノに物理的な違いはなく、外的な表示の違いで行為が区別されるから

問四 空欄 A B に入る言葉の組み合わせとして、最も適切なものを次の中から選び、その番号を答えよ。

1 A 転換 B 削除

2 A 付加 B 除去

3 A 純化 B 追加

4 A 派生 B 複合

問五　傍線部③の具体例として適切でないものを次の中から一つ選び、その番号を答えよ。

1　式場で結婚祝いのお金をのし袋に入れて渡す
2　買ってきたチョコレートに手紙をつけて渡す
3　両親が子どもの誕生日のためにケーキを買う
4　自分で食べるために店でキャンディーを買う

問六　傍線部④の理由として、最も適切なものを次の中から選び、その番号を答えよ。

1　「家族からのプレゼント」が数時間前まで商品棚に並んでいたことは、贈り主しか知らないから
2　「家事」や「育児」は、母親の役割として当たり前のことであると社会でみなされているから
3　「愛情」や「感謝」を「商品」と区別することによって「家族」という関係も成立しているから
4　「無償の愛情」や「心からの感謝」は有形であったり、無形であったりして一様ではないから

問七　空欄 2 に入る言葉として、最も適切なものを次の中から選び、その番号を答えよ。

1　国が法としてさだめている
2　個別の判断によるしかない
3　社会的にぬきさしならない
4　みんなでつくりだしている

問八　本文の内容と合致するものとして、最も適切なものを次の中から選び、その番号を答えよ。

1 贈り物として人に渡すという信念があれば、値札が付いた商品でも贈り物になりうる

2 お金は経済における「脱感情化」と「交換」の象徴で、贈り物にすることはできない

3 家族や恋人や友人のあいだの愛情は、「経済＝交換」との対比において実現している

4 徹底的に「脱経済化」された家族関係も、本質的には店で物を売買する行為に等しい

意味段落ごとに、説明されている内容をつかもう

第一意味段落（1〜14）「贈与」と「商品交換」の違い

バレンタインデーのチョコレートも
ホワイトデーのクッキーも

↓

対価（お金）が支払われることはない

これらは「贈与」である　「商品交換（売買）」との違いは？

「贈与」の「返礼」は時間が空く
「贈与」には値札がない
↓リボンや包装をつける

⇔

「売買」の「対価」は時間が空かない
「商品交換」には値札がある
↓リボンや包装がない

なぜ「商品交換」と「贈与」を区別するのか？（問題提起）

根拠① ぼくらが「商品／経済」と「贈り物／非経済」をきちんと区別すべきだという「きまり」にとても忠実だから（答え）

根拠② 「商品／経済」と「贈り物／非経済」は、なんらかの外的な表示でしか区別できないから（答え）

第二意味段落（15〜35）「思い」や「感情」で人間関係をつくる

なぜ人々はそのような「きまり」を守っているのか（問題提起）

根拠 → 「きまり」をとおして、ぼくらはモノに「思い」あるいは「感情」を付け加えたり、差し引いたりできるから（答え）

「思い」あるいは「感情」を付け加える ⇔ 「思い」あるいは「感情」を差し引く

↓

「贈与」 ⇔ 「交換」

↓

「家族」「恋人」「友人」 ⇔ 「他人」

この対比によって「家族」「恋人」「友人」という人と人との関係の距離や質を作っている

主張 「きまり」に縛られて身動きが取れないのであれば、社会を動かすことはできない

問一　解説

入試問題を解くときには、現代文のルールに従った「手順」を守ると、点数のブレが少なくなります。作業手順もしっかり頭に入れておいてください。

空欄補充問題を解くステップ

① 空欄のある一文に注目する
② 空欄のある一文の構造をとらえる
↓
③ 解答の根拠を探す

ステップ①・②

フランスの社会学者ピエール・ブルデュは、【主部①】その区別をつくりだしているのは、【主部②】モノのやりとりのあいだに差しはさまれた【述部②】「 1 」だと指摘した。【述部①】

一文の分析が終わったら、ステップ③「解答の根拠を探す」にいきます。

大事なのは設問のある文から、周りの文へと目を動かしていくことです。

ステップ③

商品交換と贈与を区別しているものは　なにか？　問題提起

フランスの社会学者ピエール・ブルデュは、その区別をつくりだしているのは、モノのやりとりのあいだに差しはさまれた「[1]」だと指摘した。答え

具体例

たとえば、チョコレートをもらって、すぐに相手にクッキーを返したとしたら、これは等価なものを取引する経済的な「交換」となる。ところが、そのチョコレートの代金に相当するクッキーを一ヶ月後に渡したとしても、それは商品交換ではない。返礼という「贈与」の一部とみなされる。

「その区別」というのは、「商品交換と贈与の区別」です。指示語が指す内容をとらえればわかりますね。そして、「モノのやりとりのあいだに差しはさまれた『[1]』」の具体例が、第[6]段落にあります。その具体例を見ると、「すぐに」返すのか、それとも「一ヶ月後」に返すのかで区別が生じることがわかります。ここが「解答の根拠」です。

正解は、1「時間」となります。「すぐに」「一ヶ月後」を表すのは「時間」であり、その他の選択肢は、「すぐに」「一ヶ月後」を表さないからダメだと考えればいいのです。

問題の解き方

①「設問のある文」をよく分析してヒントをとらえる

↓

②「周りの解答の根拠となる文」へと目を動かす

問二　解説

傍線部①は「どういうことか」と問われています。これは、傍線部を正しく解釈することを求めるものです。大学入試現代文で最もよく見る問題ですから、正解するための「手順」をしっかり覚えましょう。

はじめにすることは、「傍線部のある一文を分析する」ことです。文法というルールにしたがって、「主部」と「述部」という文の構造や、重要な「助詞」がないかどうかをチェックしてください。

次に、傍線部の「わかりにくい部分＝ポイント」を特定しましょう。「指示語」や「比喩表現」は、それだけではわかりにくい表現ですから、これらがあれば必ず明らかにするようにしましょう。また、「筆者が特殊な言葉づかいをしている表現」にも注意が必要です。一般的でない表現をあえて用いている場合、そこには筆者の主張が込められていることが多いんです。このような表現を「個人言語」といいます。「個人言語」もその内容を明らかにする必要があります。**「指示語」や「比喩表現」もしくは「個人言語」には、十分注意してください**。

最後に、その「わかりにくい部分」を説明している箇所が「解答の根拠」となるので、傍線部の周りの文から探しましょう。ここでも**「設問のある文から、周りの文へと目を動かしていく」**ということを意識しましょう。

傍線部内容説明問題を解くステップ

①傍線部のある一文を分析する
②ポイント（指示語・比喩表現・個人言語）をとらえる
↓
③解答の根拠を探す

ステップ①・②

指示語　主部　述部

①この区別をとおして、世界のリアリティの一端が　かたちづくられているとさえいえる。

一文の分析が終わったら、手順③「解答の根拠を探す」にいきます。

ステップ③

ひとつには、ぼくらが「商品／経済」と「贈り物／非経済」をきちんと区別すべきだという「きまり」にとても忠実だからだ。
①この区別をとおして、世界のリアリティの一端がかたちづくられているとさえいえる。

「この区別」というのは、「『商品／経済』と『贈り物／非経済』の区別」です。じつは、この問題も「指示語」の問題だったんです。

正解は、3「『商品／経済』『贈り物／非経済』の区別に違反すると、現実と虚構の境が消失するということ」となります。指示語の指示内容をとらえている選択肢は3しかありません。「リアリティ」というのは「現実性」なので、「『商品／経済』『贈り物／非経済』の区別を通して『現実性』がかたちづくられている」というように考えればいいのです。「『商品／経済』『贈り物／非経済』の区別」がなくなると、「現実性」はなくなりますよね。1と2には、「この区別」の説明がありません。4は、「『贈り物』と『商品』には本質的相違があり」という部分が誤りです。本文には「なんらかの外的な表示でしか区別できない」、「どこかで区別しがたい行為だと感じている」とあります。「本文をもとにして答える」ということができれば、間違いだとわかりますね。

ハイレベルへの解説

※ちなみにこの説明は、問題を解くときには理解できていなくてもかまいません。

「現実と虚構」の「現実」と「虚構」とはなんなのでしょうか？　この後には、「モノに思いあるいは感情を込める」という話が続きます。実際には同じものでも、「思いあるいは感情」を込めると、モノが「商品」ではなく「贈与」になると筆者は言います。モノが「商品」ではなく「贈与」になることで、「家族」「恋人」「友人」という人間関係がつくりだされます。それは本来人間が勝手につくりだしたつくりもの（＝虚構）です。しかし、そのような「つくりもの（＝虚構）」を、みんなが「きまり」を守ることで「現実」として機能させているのです。すなわち、「虚構」とは「人間がつくったきまりだが、みんなが守っていないもの」であるのに対して、「現実」とは「人間がつくったきまりだが、みんなが守っているもの」という区別があるのです。

問三　解説

傍線部の理由を問う問題です。
大学入試現代文でも最も難しいといわれる問題ですから、「手順」をしっかり覚えましょう。

はじめにすることは、やはり「傍線部のある一文を分析する」ということです。

次に、傍線部の「わかりにくい部分＝ポイント」を特定しましょう。**理由を問われているときのポイントは、「前提と帰結に飛躍のある部分（A→X）」です**。文の構造にしたがって「A→X」を探しましょう。

最後に、「前提（A）」を説明している部分が「解答の根拠」となるので、傍線部の周りの文から探しましょう。

傍線部理由説明問題を解くステップ

① 傍線部のある一文を分析する

② ポイント「前提（A）→帰結（X）の飛躍」をとらえる

↓

③ 解答の根拠「前提（A）の説明」を探す

ステップ①・②

主語①

ぼくらは

主部②　前提（A）

同じチョコレートが人と人とのあいだでやりとりされることが、②どこかで区別しがたい行為だ

述部②　帰結（X）

述部①

と感じている。

ステップ③

前提（A）の説明

そして、それはチョコレートを購入することと、プレゼントとして贈ることが、なんらかの外的な表示（時間差、値札、リボン、包装）でしか区別できないことを示してもいる。

具体例

たとえば、……（中略）……　ほんの表面的な「印」の違いが、歴然とした差異を生む。

前提（A）　↓　帰結（X）

ぼくらは同じチョコレートが人と人とのあいだでやりとりされることが、②どこかで区別しがたい行為だと感じている。

「同じチョコレートが人と人とのあいだでやりとりされること」をくわしく説明している部分は、具体例の前にある「チョコレートを購入することと、プレゼントとして贈ることが、なんらかの外的な表示（時間差、値札、リボン、包装）でしか区別できない」です。

「なんらかの外的な表示（時間差、値札、リボン、包装）でしか区別できない」→「区別しがたい」とすると、前提と帰結がつながりますね。これをもとにして解答を選びましょう。

正解は、4「交換や贈与でやり取りされるモノに物理的な違いはなく、外的な表示の違いで行為が区別されるから」となります。

1は「社会や文化の違いによってまったく変わる」という部分が、2は「個人によって差が出る」という部分がそれぞれ間違いです。3は「外的な表示の違いで」まではいいのですが、「区別することは難しい」が間違いです。本文では「外的な表示でしか区別できない」とあります。「AでしかBできない」というのは「Bをするのに、わずかにAだけがある」という意味です。「しか」という「助詞」に注意してください。

問四　解説

この問題も、問一と同様に、まずは空欄のある一文に線を引いて分析しましょう。

常に同じフォームを意識することが現代文上達のカギです。

問題を解くときはいつも同じフォームを意識する。

ステップ①・②

主部 経済と非経済との区別は、→ 述部 こうした思いや感情をモノのやりとりに［A］したり、［B］したりするための装置なのだ。

「まとめの指示語」があるので、ここより前の具体例をまとめているとわかりますね。「主張→具体例→まとめ」というカタチを意識して、解答の根拠をとらえましょう。

ステップ③

じつは、この「きまり」をとおして、ぼくらは二種類のモノのやりとりの一方には「なにか」付け加え、他方からは「なにか」を差し引いている。

それは、「思い」あるいは「感情」と言ってもいいかもしれない。

（第21段落「思い」あるいは「感情」を付け加える 具体例）

（第22段落「思い」あるいは「感情」を差し引く 具体例）

経済と非経済との区別は、こうした思いや感情をモノのやりとりに［A］したり、［B］したりするための装置なのだ。

「こうした思いや感情」というのは、前のほうを見ると、「なにか」と書かれています。そして、「なにか」「付け加え」たり「差し引い」たりすると書かれています。

具体例がある場合は、空欄から少し離れたところに解答の根拠が書かれている場合があるので、注意しましょう。

正解は、2「A　付加　B　除去」となります。

1は「削除」はいいのですが、「転換」が間違いです。3は「追加」はいいのですが、「純化」が間違いです。4は「複合」はいいですが、「派生」が間違いです。

もし、**解答の根拠がとらえられたのに間違えてしまったのであれば、「語彙力（単語の知識）」が不足していますので、意味が載っている漢字問題集などを使って、「語彙力」を鍛えていきましょう。**

問五　解説

傍線部の「具体例」を考える問題です。

「具体例」の問題は、まず傍線部がどういうことを述べているのかを考えてから判断するようにしましょう。

手順も傍線部内容説明問題と同じです。

「具体例」の問題を解くときは、傍線部がどういうことを述べているのかを考える。

ステップ①・②

だから バレンタインチョコで思いを伝えるためには、

主部 ③「商品」とは異なる「贈り物」にすることが 述部 不可欠なのだ。

「商品」と「贈り物」は、筆者が特殊な意味で用いている「個人言語」です。「商品」と「贈り物」の説明がされている部分を探しましょう。

ステップ③

経済の「交換」という脱感情化された領域があってはじめて、「贈与」に込められた感情を際立たせることができる。だからバレンタインチョコで思いを伝えるためには、〈③「商品」とは異なる「贈り物」にすることが〉不可欠なのだ。

・「商品」＝脱感情化された（感情が取り除かれた）もの
・「贈り物」＝相手に対する感情が込められたもの

このようにまとめることができれば、あとは「贈り物」に当てはまらないものを選べば正解となります（適切でないものを選ぶという点は、しっかりと注意してください）。

正解は、4「自分で食べるために店でキャンディーを買う」となります。そもそも「贈る相手」がいないですからね。1と2は「渡す」とあるため、「贈り物」であることがわかります。3は「買う」とあるのですが、「子どもの誕生日のために」と書かれているので、「子どもへの贈り物」だとわかります。

問六　解説

傍線部の理由を問う問題です。問三と同じ手順で解答していきましょう。

ステップ①・②

主語　④ぼくらは

述部　前提（A）→ 帰結（X）

そのようにしか　考えることができない。

前提（A）の部分に、「そのように」という「まとめの指示語」が使われています。この場合、「指示内容をとらえる」ことが、「前提（A）の説明をとらえる」ことになります。

ステップ③

前提（A）の説明

子育てとは無償の愛情であり、家族からのプレゼントも日ごろの労働への報酬ではなく、心からの愛情や感謝の印である。それは店でモノを買うような行為とはまったく違う。

前提（A）→帰結（X）

④ぼくらはそのようにしか考えることができない。

「そのように」の指示内容は「プレゼントと商品の違い」です。

・「商品」＝報酬を得て店で買うモノ
・「家族からのプレゼント」＝愛情や感謝の印として無償で与えられるモノ

このような「違い」を踏まえて解答するとよいでしょう。

正解は、3「『愛情』や『感謝』を『商品』と区別することによって『家族』という関係も成立しているから」となります。

1は「『家族からのプレゼント』が数時間前まで商品の棚に並んでいた」という部分が「違い」をとらえていないので間違いです。2は「当たり前」が間違いです。「家事」や「育児」は「愛情からなされるもの」です。4の「有形であったり、無形であったりして一様ではない」は、とらえた根拠に書かれていません。

問七 解説

この問題も問一と同様に、まずは空欄のある一文を分析しましょう。空欄補充問題の解き方はこれでバッチリですね。

ステップ①・②

「家族」にせよ、「恋人」にせよ、「友人」にせよ、人と人との関係の距離や質は（主部）、モノのやりとりをめぐる経済と非経済という区別をひとつの手がかりとして、［2］のだ（述部）。

この文と同じようなことを述べている箇所が、解答の根拠です。

ステップ③

家族のあいだのモノのやりとりが徹底的に「脱経済化」されることで、愛情によって結ばれた関係が強調され、それが「家族」という現実をつくりだしている。

「家族」にせよ、「恋人」にせよ、「友人」にせよ、人と人との関係の距離や質は、モノのやりとりをめぐる経済と非経済という区別をひとつの手がかりとして、［2］のだ。

このように、同じようなことが書かれている箇所を探すと、解答の根拠が見つかるのです。

正解は、4「みんなでつくりだしている」となります。他の選択肢は、今とらえた解答の根拠に書かれていないので、間違いとなります。

問八 解説

最後は内容真偽問題です。ここまでとらえた本文の内容をもとにして、正解を選びましょう。

正解は、3「家族や恋人や友人のあいだの愛情は、『経済＝交換』との対比において実現している」となります。これは問七でも確認しましたね。

1は「値札が付いた商品でも贈り物になりうる」が間違いです。問三で「なんらかの外的な表示でしか区別できない」という部分をとらえました。2は「（お金は）贈り物にすることはできない」が間違いです。第17段落に「モノのやりとりにお金が介在すれば、つねに『商品交換』になるわけではない」と書かれていました。4は「家族関係も、本質的には店で物を売買する行為に等しい」が間違いです。これも問七で確認しました。

「評論文」は、第一部で学んだ「現代文のルール」「文法」「レトリック」がしっかり身についていれば、満点を取ることも可能です。ぜひ本書をしっかり復習して、得意ジャンルにしてください。

入試問題実践1

解答

問一　1
問二　3
問三　4
問四　2
問五　4
問六　3
問七　4
問八　3

第五回

小説文に挑戦しよう

第五回は**「小説文」**です。

小説文は評論文に比べて読みやすいと感じる人も多いと思います。しかし、読みやすいからこそ「解きにくい」ということがあります。読みやすく想像しやすいからこそ、現代文のルールであった「文章をもとにして答える」「客観的に読む」ということがむしろ意識しにくいのです。

ですから、小説文を解くときは、評論文以上に「文章をもとにして答える」「客観的に読む」ということを意識するようにしてください。

小説文では評論文以上に「文章をもとにして答える」「客観的に読む」という現代文のルールを意識する。

ふだん、読書をするときにはおおいに感情移入をしてもいいのですが、大学入試問題を解くときに感情移入は禁物です。冷静に本文を分析しながら読んでいきましょう。また、「リード文」には本文までのあらすじなどが書かれています。本文を理解するのに必要だからこそ、わざわざつけられているのです。「リード文」には設問のポイントがあると考えて、しっかり読みましょう。

入試問題実践2

2019年 京都産業大学

次の文章を読んで、後の問いに答えよ。

「僕」の父は十三年前に脳梗塞で倒れ、二年前からは言葉も発することができなくなった。母と二人きりで不便な土地に暮らす父を心配した妹（多香子）夫婦は、近くに建てた新居に両親のための部屋を用意するが、父はなぜか半月で自分の家に戻ってしまう。それ以後、「僕」は東京からの出張の合間をぬっては、母と二人きりで暮らす父のもとを訪ねている。

父は年老いた。

母も年老いた。

そして、二人はいずれ――うんと遠い「未来」や「将来」ではないうちに、僕の前から永遠に姿を消してしまう。

いつの頃からだろう、僕は両親の死を冷静に(ア)見据えるようになっていた。

二人の「老い」を実感してから、「死」の日がいずれ訪れることを受け容れるまで、思いのほか早かった。二人が亡くなるのは、もちろん、悲しい。涙だって流すだろう。だが、その涙には、自分の中のなにかが引き裂かれてしまうような痛みは溶けていないはずだ。

Ａ僕は、冷酷で身勝手な息子なのだろうか。

食事を終えると、もう実家をひきあげなければならない時間が迫っていた。

結局、父とはほとんどなにも話せなかった。代わりに、言いたかったことは食器の片づけで台所に立ったときに母にぶつけた。

「わがままなんだよ、お父ちゃんは」「お母ちゃんがそれを許すからだめなんだ」「ひとの世話になりたくないって、そんなこと言ってられるような立場じゃないだろ、もう」「それは多香子の家はここより狭いし、窓を開けても隣の家の壁しか見えないけどさ、そんなの贅沢《ぜいたく》だと思わない？」「結局、お母ちゃんにぜんぶ負担が行くわけじゃないか」「はっきり言うよ、もしお母ちゃんが倒れたりしたら、僕も、多香子も、宏美も、哲郎さんだって、みんな困るんだよ、ほんとに迷惑するんだよ」……。

また「迷惑」という言葉をつかってしまった。Ｂ決して口にしてはならない言葉なんだとわかっているのに、いまの自分の気持ちをいちばん素直に伝えるには、そう言うしかない。

母は一言も言い返さなかった。「そうじゃなあ、洋司の言うとおりじゃなあ」と（イ）相槌《あいづち》を打ち、「それはようわかっとるんよ」とうなずき、こっちの話が途切れると、不意に「俊介は元気で学校に行きよるん？」と話を変えてしまう。

要は本気で受け止めてはいないのだ。はいはい、と受け流しているだけなのだ。

「甘やかさないでよ、お父ちゃんを」

ずっと思っていた。

最初の発作で倒れたあと、もっとしっかりリハビリをしていれば、ここまで脚が衰えることはなかった。

酒も煙草もやめられなかったのは、そばにいる母がなにも言わなかったからだ。妹の家で同居することだって、母がもっと強い態度でいれば、父には一人で田舎に帰ることなどできなかったのだ。

まだある。もっとある。子どもの頃からのこと、すべて。

母はなにも言い返さない。

ただ一言――「ずっと、そげんしてきたけん、それ以外にやり方がわからんのよ」と、C寂しそうに笑うだけだった。

雨が降り出した。

雲の色は、重たげな鉛色の部分と、陽光がうっすら透けて底光りしている部分とが入り混じっている。

「みぞれになるかもしれんねえ……」

母は新しいお茶をいれながら言う。

D僕は腕時計を気にしながら言う。

「冬だよ、もう」

父は黙って、窓の外を見つめている。

そろそろ出なければならない。なんの言葉も交わすことのない父との時間は、まるで墓参りのようなものだった。いや、いっそ、真新しい御影石《みかげいし》の墓と向き合ったほうが、たくさん話せて、もしかしたら遠くから父の返事だって聞こえてくるかもしれない。

お父ちゃん――。

田舎に帰るたびに、思う。ほんとうに僕が訊《き》きたいことは、一つしかないんだと。

お父ちゃん、まだ生きていたい——？

生きていることは、楽しい——？

なんの楽しみもなくても、一日でも長く生きていたい——？

E決して訊けないから、その問いは胸の奥から消えることはない。それが消えたとき、僕は生まれて初めての喪主をつとめているだろう。この数年ですっかり人付き合いをしなくなった父の葬儀は、きっと、寂しいものだろう。父を悼むよりも、むしろ母が楽になったことを喜んでくれるひとのほうが多いかもしれない。

「今日は、洋司が来てくれたけん、お父ちゃんもご機嫌やねえ」

母は父の顔を覗《のぞ》き込んで「ねえ？」と笑う。父は目を閉じて、頬《ほお》をゆるめる。照れくさそうに、少し困ったように、でもさっきまでとは違って、ほんとうに笑っているんだとわかる頬のゆるみ方だった。

父はゆっくりと目を開け、ふと思いだした顔になって母を見た。それだけで母には通じた。「あ、いけんいけん、忘れとったわ」とコタツから出た母は、「洋司、まだ時間あるじゃろ？　二、三分でええけん」と言って、ばたばたと部屋を出て行った。走ったら危ない、転んで脚の骨でも折ったらどうするんだ、何度も(ウ)口を酸っぱくして言っているのにわからない。

やれやれ、とため息をついて、父を振り向いた。「なんなの？　忘れてたものって」と訊いた。

返事はない——はずだった。最初からそれはわかっていて、あきらめていて、胸の中に澱《よど》むため息の残りを吐き出すために声をかけただけだった。

だが、父は口を小さく動かした。

て、え……ぷ。

かすれた声で言って、ほんのそれだけで体力を使い果たしたように、肩で息をついた。

「テープ？　いま、テープって言ったの？」

今度はもう、黙ってうなずくだけだった。

母が戻ってきた。手に、妹が高校時代に使っていた古いラジカセを提げていた。

「納戸の整理をしとったら、昔のカセットテープが出てきたんよ。洋司、あんた、これ覚えとらん？」

母が見せたのは、ラベルに『試聴用』と書いてあるテープだった。覚えている。僕が小学五年生の頃、わが家は初めてカセットテープレコーダーを買った。このテープは、そのときに電器屋さんが付けてくれたものだ。演奏だけの海外のポップスが何曲か入っていたはずだが……たしか、父が……。

はっと気づいて顔を上げると、母は「そうなんよ」と笑った。「みんなで吹き込んだんよね、順番に」

せっかちな父は、明日には生テープを買ってくるからというのを待ちきれずに、試聴用テープに自分たちの声を録音してみようと言い出したのだ。酔っていたはずだ。ご機嫌になって、おしゃべりにもなって、酔いがまわりすぎて荒れるまでの凪《なぎ》のようなタイミングだったのだろう、たぶん。

「お父ちゃんと二人で聴いとるんよ、なんべんもなんべんも」

母はそう言ってテープレコーダーの再生ボタンを押し込んだ。シャリシャリしたノイズのあと、多香子の声が聞こえた。まだ小学二年生の多香子ははしゃいで笑うだけだった。次に母が「もう入っとるん？　しゃべってもええん？」と言って、僕に「入っとるよ、赤い光がついとるが」と笑われた。その僕は、声変わりのすんでいない甲高《かんだか》い声で「あー、あー、本日は晴天なり」と言って、最後に父がマイクに向かった。

「まあ……アレじゃ、こげな便利なもんができたんじゃのう、いうて……なにを言やあええんかのう……おい、洋司、もうええ、停めえ、停めえ、なんか恥ずかしいがな……」

父の声だ。まだ四十代になるかならないかの頃の父だ。間違いない。父はこんな声で、こんなふうにしゃべっていたのだ。

F母がテープを停める。僕は父を振り返る。父は窓の外を見つめていた。

雨はやはり、みぞれ混じりになっていた。重たげで冷たげな銀色の粒が、空からとめどなく降ってくる。寒々しい風景だ。いっそ雪になってくれたほうが、外が明るくなるぶん、気持ちも沈み込まずにすむのに。

それでも――いまは、Gみぞれの季節なんだと自分に言い聞かせた。秋と冬の境目に、わが家はいる。次の春が来るのかどうかはわからない。ただ、もう今年の夏は過ぎた。秋も終わった。年老いた父と母は、二人で、静かに、冬ごもりの準備に入っている。

「お母ちゃん、もう一回聴かせてよ」

「時間ええん?」

「だいじょうぶ……もう一回だけ、聴いて帰るから」

母はうなずいてテープの巻き戻しボタンを押し、そっと僕に目配せして、父のほうに小さく顎をしゃくった。

父は窓の外を見つめている。みぞれの降りしきる寂しい風景をじっと見つめる目に、涙が浮かんでいた。

（重松清『みぞれ』より）

問一　傍線部(ア)〜(ウ)の本文中の意味として最も適切なものをそれぞれ一つずつ選び、答えよ。

(ア)　見据える
1　じっと見つめる　2　確信している
3　正面から向きあう　4　にらみつける

(イ)　相槌を打ち
1　両手を打ち合わせて　2　反感を持たずに
3　投げやりな態度で　4　調子を合わせて

(ウ)　口を酸っぱくして
1　繰り返して　2　辛らつな調子で
3　皮肉を込めて　4　非難するように

問二　傍線部A「僕は、冷酷で身勝手な息子なのだろうか」とあるが、なぜそう思うのか。最も適切なものを一つ選び、答えよ。

1　「僕」は老いた両親がこの世からいなくなってしまう日がいずれ来るとわかってはいるが、だからといって今両親と一緒に住む覚悟は持っていないから。

2　「僕」は老いた両親が近いうちにこの世から消えてしまうことにつらさは感じているが、結局は老いの定めを受け入れることしかできないと考えているから。

3　「僕」は死を控えた両親に哀れみを感じてはいるが、だからといって両親の前でその感情をはっきり示すほどの優しさは持ち合わせていないから。

4　「僕」は老いがもたらす残酷さを充分理解はしているが、まだ両親の年齢に至っていない自分には彼らのつらさを本当に感じることはできないでいるから。

問三　傍線部B「決して口にしてはならない言葉」を発しなければならなかった「僕」の気持ちを述べたものとして最も適切なものを一つ選び、答えよ。

1　母の体のこともちろん心配だが、母に頼らないと生きていけない父のことがもっと心配だ。母が寝込みでもしたら父の病状はもっと悪化して僕も妹の家族も心配が増すことになるのだ。

2　母の身勝手な性格はわかっているものの、父のわがままなふるまいに無関心な母には腹が立ってしようがない。僕や妹の家族がどれほど困っているかわかっているのだろうか。

3　母の体のこともちろん心配だが、母が病気になったら、父の面倒を見てくれる人がいなくなる。そうなると僕か妹の家族が二人の世話を引き受けなくてはならなくなるのだ。

4　母のいい加減な性格はわかっているものの、父の体のことを心配しているならもっと父に対して厳しい態度が取れるはずだ。おかげで僕も妹の家族もいつも困らされているのだ。

問四　傍線部C「寂しそうに笑う」母はどのような人物として描かれているか。最も適切なものを一つ選び、答えよ。

1　優しい性格の持ち主ではあるが、常に受け身でしか生きていけない自分を変えようとはしない。

2　常に受け身でしか生きていけないようにふるまうことで、周囲との衝突をさけようとしている。

3　一見受け身であるように見えながら実は頑固でわがままな性格だが、それを変えようとはしない。

4　受け身でしか生きていけないように見せることで、自分が優しい人間であることを演出している。

問五　傍線部Ｄ「僕は腕時計を気にしながら言う」とあるが、この場面から読み取れる「僕」の心情として最も適切なものを一つ選び、答えよ。

1　今がもう冬なのは明らかなのに、のんきにみぞれの話など持ち出してくる母の気持ちがわからない。どうせ父とは何の会話もできないのだし、さっさと切り上げて東京に帰りたいものだ。

2　自分を少しでも長く引きとめようとする母には気の毒だが、父のそばにこれ以上いると母に対しても苛立ちを覚える。いっそこの二人がいなくなればわざわざ東京からくる必要もないのに。

3　母は口先だけの会話で自分を何とか引きとめようとしているが、言葉を発しない父のそばにこれ以上いても何の意味もない。働き盛りの自分の状況を考えもしない母には腹が立ってしかたがない。

4　自分を少しでも引きとめておきたい母の気持ちはわかるが、言葉を発しない父のそばにこれ以上いてもしかたがない。もうこのへんで切り上げて仕事の待つ東京に戻りたいものだ。

問六　傍線部Ｅ「決して訊けない」とあるがなぜか。最も適切なものを一つ選び、マークせよ。

1　父はこのような問いに答える理解力をなくしており、納得のいく答えは返ってこないから。

2　父はこのような問いに答える言語能力をなくしており、まともな返答は期待できないから。

3　この問いを発すれば、父の死によってしか本当の救いはないという事実の表明になるから。

4　この問いを発することは、親子の間では決してあってはならない道徳的な禁忌であるから。

問七　傍線部F「母がテープを停める」とあるが、このテープにまつわる一連の場面は何を伝えようとしているのか。適切でないものを一つ選び、答えよ。

1　言葉を発しない父ではあるが、父の心の中には家族に対する深い思いがあることを伝えている。
2　テープによって突然過去の楽しかった一場面に引き戻された「僕」の驚きと変化を伝えている。
3　時の経過がもたらすどうにもならない変化、それに必然的についてまわる悲しみを伝えている。
4　テープにまつわるエピソードによって、家族がお互いに理解しあうことの大切さを伝えている。

問八　傍線部G「みぞれの季節なんだと自分に言い聞かせた」とあるが、この時の「僕」の心情として最も適切なものを一つ選び、答えよ。

1　生と死のはざまにいる父をかかえているこの家の状況は、冬の明るい雪景色ではなく、秋と冬のあいだの寒々しいみぞれの天気にたとえるのがふさわしい。いつか二人が僕の目の前から姿を消すまでのわずかな時を大切にしよう。
2　生と死のはざまにいる父を介護する老いた母が置かれた状況は、秋と冬の間のみぞれの天気にたとえるのがふさわしい。父という重荷から解放されれば、苦労した母にもやっと明るい雪景色のような晩年がまっているのであろうが。
3　人の晩年というのは四季にたとえるならば冬であるが、我が家には雪景色がもたらしてくれるような明るい冬はやってくることはない。秋でもなく冬でもないこのうっとうしいみぞれのような天気がずっと続いていくのだろう。
4　人の晩年というのは四季にたとえれば冬であるが、秋と冬のはざまにあるみぞれの季節を通り抜けなければすっきりした冬景色はやってこない。それができない両親にはこれから先も明るい冬景色が訪れることはないだろう。

問九 この文章を評したものとして最も適切なものを一つ選び、答えよ。

1 自分と年老いた両親との間に横たわる決して埋めることのできない感情的隔たりを、会話を交えながら、詩的に綴った文章である。

2 自分と年老いた両親との間の言葉にできない細かな感情のやり取りを、自然描写や会話を交えつつ、淡々と綴った文章である。

3 老い、死とは何かという難しい問いに対する答えを、日常生活を送る人々と自然との関係を通して、間接的に考えさせる文章である。

4 老い、死とは何かという難しい問いに対して、一見平凡な日常生活から題材を取りつつも、客観的視点から答えようとした文章である。

原因と結果に注目して、心情の変化をつかもう

「僕」の父は十三年前に脳梗塞で倒れ、
二年前からは言葉も発することができなくなった

↓

妹は父を心配して、
近くに建てた新居に両親のための部屋を用意する

×

父はなぜか半月で自分の家に戻ってしまう

↓

「僕」は東京からの出張の合間をぬっては、
母と二人きりで暮らす父のもとを訪ねている

↓

心情 A 迷惑だ

父も母も年老いたということを実感した「僕」は、
両親の死がいずれ訪れることを冷静に受け入れていた

↓

早く帰りたい

母にぶつける　時計を気にする（結果A）

心情の変化

父がふと思い出した顔になって母を見た

母は「忘れとったわ」と言って部屋を出て行った

「僕」は父に「なんなの？　忘れてたものって」と訊いた

父はて、え・・・・ぷとかすれた声で言った

母が持ってきたラジカセでテープを聞くと、そこからまだ元気だった父の声が聴こえた

変化の原因

心情B

父の声をもっと聴いていたい

「僕」は「もう一回聴かせてよ」と母に頼んだ（結果B）

問一　解説

小説問題では、みなさんの「語彙力（単語力）」を試す問題が出題されます。小説の語彙問題はなるべく辞書どおりの意味を答えるということを意識してください。ですから、語彙力がないという自覚のある人は、現代文の重要キーワード語句集などを使って語彙力をつけるようにしましょう。また、自分の知らない言葉が問われたときでも、すぐにはあきらめず、文脈から答えを推測してみましょう。

小説文の語彙問題
①辞書的な意味で答える
②知らなかったら、文脈から意味を推測する

(ア)の「見据える」は、1「じっと見つめる」という意味です。
(イ)の「相槌を打ち」は、4「調子を合わせて」という意味です。
(ウ)の「口を酸っぱくして」は、1「繰り返して」という意味です。

問二　解説

「僕」が「なぜそう思うのか」と問われています。小説文で理由を問われた場合には、「心情把握問題」なのではないかと考えてみましょう。

心情把握問題では、まず「傍線部のある一文を分析する」ことからはじめます。一文の構造をとらえるというのはあらゆる問題の基礎です。小説では主語が省略されることがよくあるので、注意してください。

次に、傍線部の「ポイント」を特定しましょう。**心情把握問題においてポイントとなるのは、「原因（事態や事情）」「心情表現」「結果（行動・反応・発言）」です。**この三つのうちのどれが傍線部にあるのかを調べましょう。

そして、最後に周りにある解答の根拠を探しましょう。

心情把握問題を解くステップ

①傍線部のある一文を分析する
↓
②ポイント（「原因」「心情」「結果」）をとらえる
↓
③解答の根拠を探す

ステップ①・②

主語　述部　心情

A 僕は、冷酷で身勝手な息子なのだろうか。

傍線部は、「僕」の心中文（心の中の思いを表した文）ですから、傍線部は「心情」だと考えてください。

一文の分析が終わったら、手順③「解答の根拠を探す」に進みます。「原因」をとらえるときには、まず直前を探しましょう。

「心情の原因」を探すときには、まず直前を見る。

ステップ③

二人の「老い」を実感してから、「死」の日がいずれ訪れることを受け容れるまで、思いのほか早かった。二人が亡くなるのは、もちろん、悲しい。涙だって流すだろう。（譲歩）だが、その涙には、自分の中のなにかが引き裂かれてしまうような痛みは溶けていないはずだ。僕は、冷酷で身勝手な息子なのだろうか。（A）

「両親の死を受け入れるまで思いのほか早かった。涙には痛みは溶けていない」（＝原因）
↓
「冷酷で身勝手な息子なのだろうか」（＝心情）

というように、「因果関係」がつながりました。

正解は、2「『僕』は老いた両親が近いうちにこの世から消えてしまうことにつらさは感じているが、結局は老いの定めを受け入れることしかできないと考えているから」となります。両親の死を受け入れていることが書かれている選択肢は、2しかありません。1は「今両親と一緒に住む覚悟は持っていない」が、3は「両親の前でその感情をはっきり示すほどの優しさは持ち合わせていない」が、また、4は「まだ両親の年齢に至っていない」が、本文でとらえた「原因」ではありません。しっかりと文章をもとにして答えましょう。

問三 解説

「僕」の気持ちが問われているので、心情把握問題です。先ほどの問題と同じステップで解きましょう。小説こそ、同じフォームを意識してください。

ステップ①・②

- 主語の省略（「誰は」が省略されている）

「決して口にしてはならない言葉なんだ」B と わかっている（述部①） のに、
（心中文 ＝ 心情）

いまの自分の気持ちをいちばん素直に伝えるには、そう 言うしかない（述部②）。

ステップ③

結局、父とはほとんどなにも話せなかった。代わりに、言いたかったことは食器の片づけで台所に立ったときに母にぶつけた。

「わがままなんだよ、お父ちゃんは」「お母ちゃんがそれを許すからだめなんだ」「ひとの世話になりたくないって、そんなこと言ってられるような立場じゃないだろ、もう」「それは多香子の家はこより狭いし、窓を開けても隣の家の壁しか見えないけどさ、そんなの贅沢《ぜいたく》だと思わない？」「結局、お母ちゃんにぜんぶ負担が行くわけじゃないか」 原因 ＝ 父が半月で妹の家から自分の家に戻ってしまう

↓

「はっきり言うよ、もしお母ちゃんが倒れたりしたら、僕も、多香子も、宏美も、哲郎さんだって、みんな困るんだよ、ほんとに迷惑するんだよ」 心情

↓

また「迷惑」という言葉をつかってしまった。 結果

↓

「(「迷惑」という言葉は) 決して口にしてはならない言葉なんだ」[B] とわかっているのに、いまの自分の気持ちをいちばん素直に伝えるには、そう言うしかない。

「迷惑」という言葉は、「今の自分の気持ち」を素直に伝える言葉（＝結果）だということがわかります。

では、「僕」はどのような気持ちになっているかというと、「父が勝手に妹の家を出て、母が倒れたら父の世話でみんなが困る」と思っています。この思いを表している選択肢を選びましょう。

正解は、3「母の体のことももちろん心配だが、母が病気になったら、父の面倒を見てくれる人がいなくなる。そうなると僕か妹の家族が二人の世話を引き受けなくてはならなくなるのだ。」となります。1は「母が寝込みでもしたら父の病状はもっと悪化して僕も妹の家族も心配が増す」という部分が、「迷惑」という発言につながらないため間違いです。**間違いの選択肢は、「結果」につなげてみるとおかしなことになる場合が多いので、もし迷ったら「結果（行動・反応・発言）」につなげてみてください。**2は「父のわがままなふるまいに無関心な母には腹が立ってしょうがない」が間違いです。「僕」はどちらかというと父に腹を立てています。4は「父の体のことを心配しているならもっと父に対して厳しい態度が取れるはずだ」が間違いです。「僕」は、母が倒れた後の父の世話に対して「迷惑」だと言っています。

心情把握問題の選択肢で迷ったら、「因果関係」がつながるかどうかをチェックする。

問四　解説

「どのような人物」かが問われていますから、傍線部内容説明問題と同じように考えましょう。「どういうことか」と問われた際の解き方は、評論文と同じような手順になります。

傍線部内容説明問題を解くステップ

① 傍線部のある一文を分析する

② ポイント（指示語・比喩表現・個人言語）をとらえる

↓

③ 解答の根拠を探す

ステップ①・②

● 主語の省略（「誰が」が省略されている）

ただ一言――「ずっと、そげん（まとめの指示語）してきたけん、それ（指示語）以外にやり方がわからんのよ」と、寂しそう（述部）に笑うだけだった。

「そげん」とは、「そのように」というような意味の言葉で、「まとめの指示語」です。指示内容を幅広くとらえましょう。

ステップ③

母は一言も言い返さなかった。「そうじゃなあ、洋司の言うとおりじゃなあ」と（相槌《あいづち》を打ち、「それはようわかっとるんよ」とうなずき、こっちの話が途切れると、不意に「俊介は元気で学校に行きよるん？」と話を変えてしまう。

要は本気で受け止めてはいないのだ。はいはい、と受け流しているだけなのだ。

「甘やかさないでよ、お父ちゃんを」

〔中　略〕

母はなにも言い返さない。

ただ一言――「ずっと、そげんしてきたけん、それ以外にやり方がわからんのよ」と、C寂しそうに笑うだけだった。

母は、何を言われても言い返さずに受け流してしまうと書かれています。これで母の人物像がわかりました。

正解は、1「優しい性格の持ち主ではあるが、常に受け身でしか生きていけない自分を変えようとはしない」です。2は「ふるまう」が、4は「見せる」「演出する」が間違いです。ほんとうに「受け身でしか生きていけない」のです。3は「実は頑固でわがままな性格」が間違いです。

小説問題を解くときに、「こう書かれているけどじつは……」などと裏をかいて考えてはいけません。文章に書かれているとおりに答えることが重要です。

小説文でも、「文章に書かれているとおり」に答える。

問五　解説

「僕」の心情を問う問題です。ここでも、いつもどおりのフォームで解くことが重要です。

ステップ①・②

「冬だよ、もう」

D僕は（主語）　腕時計を気にしながら　言う。（述語）　結果＝行動・発言

傍線部は「結果＝行動・発言」となっています。ですから、「原因」と「心情」を探しましょう。基本は、まず「直前」ですが、前を見ても「因果関係」がつながらない場合には、後ろに「事情」が書かれていることもあるので、後ろも読みましょう。

直前を見ても因果関係がつながらない場合には、後ろに「事情」が書かれているのではないかと考える。

ステップ③

「みぞれになるかもしれんねえ……」

母は新しいお茶をいれながら言う。 原因

↓

「冬だよ、もう」

D 僕は腕時計を気にしながら言う。 結果＝行動・発言

↓

そろそろ出なければならない。なんの言葉も交わすことのない父との時間は、まるで墓参りのようなものだった。いや、いっそ、真新しい御影石《みかげいし》の墓と向き合ったほうが、たくさん話せて、もしかしたら遠くから父の返事だって聞こえてくるかもしれない。 事情

母との会話は続く（**原因**）

↓

もう少し居続ける（**結果**）

父は何も話すことができない（父といても無意味だ）（**事情**）

↓

腕時計を見る（そろそろ帰らなければいけない）（**結果**）

というように、二つの因果関係がつながれば、「帰りたいけれども帰れない」という心情が読み取れます。すると、正解が見えてくるでしょう。

正解は、4「自分を少しでも引きとめておきたい母の気持ちはわかるが、言葉を発しない父のそばにこれ以上いてもしかたがない。もうこのへんで切り上げて仕事の待つ東京に戻りたいものだ。」となります。父とはこれ以上いてもしかたがないから帰りたいのですが、母とはまだ会話が続いているため、帰るに帰れないのです。1の「のんきにみぞれの話など持ち出してくる母の気持ちがわからない」、2の「母に対しても苛立ちを覚える」、また、3の「働き盛りの自分の状況を考えもしない母には腹が立ってしかたがない」は、いずれも「時間を気にしながらも会話を続ける」という結果につながらないので間違いです。もし、父も母もよくわからないし父にも母にも腹が立つとなれば、すぐに帰るはずですね。

問六 解説

傍線部について、「なぜか」と問われています。心情把握問題だと考えて解いていきましょう。

ステップ①・②

原因 決して訊けない[E] から、

主部 その問いは → 述部 心情 胸の奥から消えることはない。

「その問いは決して訊けない」となるため、「その問い」の内容に原因があるはずです。指示語があるので、解答の根拠をこれより前に求めましょう。

ステップ③

田舎に帰るたびに、思う。ほんとうに僕が訊《き》きたいことは、一つしかないんだと。
お父ちゃん、まだ生きていたい——？
生きていることは、楽しい——？
なんの楽しみもなくても、一日でも長く生きていたい——？ 原因
E決して訊けない から、〈その 問いは〉胸の奥から消えることはない。 心情

とくに重要な問いは、「なんの楽しみもなくても、一日でも長く生きていたい——？」です。父には「なんの楽しみもない（原因）」と「僕」は考えているため、生きていたいと思っているのか疑問に思っているのです。ここから解答を考えましょう。

正解は、3「この問いを発すれば、父の死によってしか本当の救いはないという事実の表明になるから」となります。父の人生を「なんの楽しみもなく」ととらえているものを選びましょう。1は「理解力をなくしており」が、2は「言語能力をなくしており」が間違いです。なくしたのは「理解力」や「言語能力」ではなく「楽しみ」です。

また、4の「親子の間では決してあってはならない道徳的な禁忌」は、注意してください。たしかに、道徳的に考えて父に聞いてはいけない問いであることは間違いありません。しかし、**現代文という科目は道**

徳的に正しいものが正解になるのではなく、「文章に合うもの」が正解となる科目なのです。道徳的な観点で答えを選ぶことのないように注意しましょう。

現代文では、道徳的に正しいものが必ずしも正解になるとは限らない。

問七　解説

場面の意味をとらえる問題です。ある一定の範囲を読んで解答する必要があります。これまでのものと違う問題のように思えるかもしれませんが、「本文をもとにして答える」というルールを守れば、正解できます。

場面説明問題を解くステップ

① 該当範囲を特定する
② 本文と選択肢を照らし合わせる

ステップ①

返事はない――はずだった。最初からそれはわかっていて、あきらめて［心情A］いて、胸の中に澱《よど》むため息の残りを吐き出すために声をかけただけだった。

［だが］、父は口を小さく動かした。

て、え……ぷ。 変化の原因

〔中　略〕

「お母ちゃん、もう一回聴かせてよ」 心情B ……変化

「時間ええん？」

「だいじょうぶ……もう一回だけ、聴いて帰るから」

母はうなずいてテープの巻き戻しボタンを押し、そっと僕に目配せして、父のほうに小さく顎をしゃくった。

父は窓の外を見つめている。みぞれの降りしきる寂しい風景をじっと見つめる目に、涙が浮かんでいた。

今までは、どうせ父は話せないと「あきらめて」 心情A いた「僕」が、父の声を聞いて 変化の原因 、「もう一回聴かせてよ」 心情B と言っていることから、心情の変化が読み取れます。この「心情の変化」をもとにして解答を選びましょう（ただし、「適切でないものを選ぶ」という点は注意してくださいね）。

正解は、4「テープにまつわるエピソードによって、家族がお互いに理解しあうことの大切さを伝えている」です。「家族がお互いに理解しあうことの大切さ」という表現は、道徳的に正しそうなことを言ってはいますが、本文に根拠がありません。ここではあくまでも「変化」を中心にして考えましょう。

1は、父が「僕」にテープを聞いてほしいと思っていることがわかるので、適切です。2は、今とらえた変化をそのまま表しています。3は、やはり「変化」を表しています。

「過去」についての描写があったら、何かが「変化」しているのではないかと考えながら読むようにしましょう。

過去のシーンを読むポイント

①現在の原因が過去にあるのではないかと考える
②過去から現在にかけて変化があるのではないかと考える

問八 解説

この問題は、心情把握問題です。

従来は、「情景描写」といって風景に心情が表れているなどと説明されてきました。「雨が降ってきたという描写は、主人公の悲しい気持ちを表している」というような説明を聞いたことはありませんか？

しかし、大学入試では「現代文のルール」を忠実に守ることが求められています。あくまで「文章に書かれていることをもとにして答える」ということを意識してください。

ステップ①・②

主語の省略（「誰が」が省略されている）

逆接 それでも――いまは、みぞれの季節なんだと自分に言い聞かせた。G 述部

この時点では、傍線部が「原因」「心情」「結果」のどれなのかよくわかりません。しかし、「それでも」

という逆接の接続表現が使われています。これをもとにして考えていきましょう。

ステップ③

寒々しい風景だ。心情A（現実は外が暗く気持ちが沈み込んでいる）いっそ雪になってくれたほうが、外が明るくなるぶん、気持ちも沈み込まずにすむのに。

逆接 それでも——変化の原因 いまは、みぞれの季節なんだと自分に言い聞かせた。[G]

心情B（前向きな気持ち）秋と冬の境目に、わが家はいる。

↓

結果（発言）「お母ちゃん、もう一回聴かせてよ」

「それでも」という接続表現をもとにして、その前がマイナスの心情でその後ろがプラスの心情であることをつかんでください。**情景描写などというあいまいな考え方に頼るのではなく、「文法」という明確なルールで考えていきましょう。**

正解は、1「生と死のはざまにいる父をかかえているこの家の状況は、冬の明るい雪景色ではなく、秋と冬のあいだの寒々しいみぞれの天気にたとえるのがふさわしい。いつか二人が僕の目の前から姿を消すまでのわずかな時を大切にしよう。」となります。「わずかな時を大切にしよう」と思うからこそ、帰る時間を気にせずに「もう一回聴かせてよ」という発言をしたのです。2は「父という重荷から解放されれば」が間違いです。この心情では「もう一回聴かせてよ」という発言につながりません。3は「このうっとうしいみぞれのような天気がずっと続いていく」が、4は「これから先も明るい冬景色が訪れることはない」が間違いです。両方とも前向きな気持ちに変化していません。

問九　解説

最後は、文章を評したものについて、その内容を問う問題です。

小説文では、「本文の概要」や「表現の特徴」などを、最後の設問で聞いてくることがあります。評論文の内容真偽問題と同様に、選択肢と本文を照らし合わせながら、解答しましょう。

正解は、2「自分と年老いた両親との間の言葉にできない細かな感情のやり取りを、自然描写や会話を交えつつ、淡々と綴った文章である。」となります。自然描写については問八で確認しましたね。また、母と「僕」のやり取りがありました。1は「詩的に綴った文章」が間違いです。3は「(老い、死とは何かという難しい問いに対する答えを)間接的に考えさせる」が間違いです。直接的に問題として取り上げられていました。4は「客観的視点から答えよう」が間違いです。本文では、「僕」の主観的な心情が描かれていました。

入試問題実践2

解答

問一　(ア) 1　(イ) 4　(ウ) 1
問二　2
問三　3
問四　1
問五　4
問六　3
問七　4
問八　1
問九　2

第六回

随筆文に挑戦しよう

第六回は**「随筆文」**です。

随筆文は、やはり評論文に比べて読みやすいと感じる人も多いと思います。しかし、読みやすく感じるからこそ「客観的に読む」ことを意識しにくいという点で、小説文と似ています。問題を解くときには、「文の構造」をとらえるなど、「文法」を意識するようにしましょう。

この問題がちゃんと解けたら、この本の内容が身についたと言えるでしょう。

「なんとなく」ではなく、「文章をもとにして正確に」という読み方の完成です。

読みやすく感じる随筆文でも「文法」が意識できれば、現代文の読み方は完成である。

ここまで長い道のりだったと思います。最初は大変で苦しいときもあったでしょう。

しかし、「大変なときは大きく変わる」ときです。今、みなさんの現代文の読み方や解き方は大きく変わっているはずです。

「苦しいときこそ上り坂」ということもあります。今、みなさんの力は上がっているのですよ。

読解力の覚醒まであと一歩です。最高に楽しんでください！

入試問題実践3

2017年 大東文化大学

次の文章を読んで、後の問いに答えよ。

長く私を担当してくれている編集者の一人に、かなりの山登りのベテランがいる。山男、といった [X] イメージとは正反対の、細身で都会的な中年男性である。

彼が最近、ひさびさに信州の山に登ってきたという。その感想をきくと、

「①登山の時代も様変わりしましたね。こんどつくづくそれを感じました」

と、首をふりながら言う。

かつて何十年か以前の登山は、ある意味で青春の舞台だった。高校、大学の登山部が憧れの目で見られ、山男というスタイルは一つのファッションでもあった。

新宿の喫茶店には、北アルプスの地図をひろげて熱心に語りあう恋人同士の姿が見られ、書店の棚にはいろんな登山・山岳ⓐザッシがずらりと並んでいた。

〽おれたちゃ街には　住めないからに

という、あの歌に、ある種の照れくささを感じながらも、つい口ずさむ人も少なくなかったことだろう。

「街に住めないんだったら、帰ってくるなよ」

などと突っこんだりしても、どこか心の底で抑えきれないうらやましさも感じていたのである。

私も一度、牛にひかれて善光寺まいり、といった感じで登山に加わったことがある。なんとか銀座、などという人気コースなので、「こんにちは」「コンニチワー」と声をかけあいながらすれちがう若いグループに、照れくさい思いで小声で挨拶をかえしつつ歩いたものだった。

もちろん、本格的な登山行は、そんなお子様ランチみたいなものではあるまい。自然と人間との壮絶な闘いである。さらに近代のアルピニズム以前は、登山は宗教的な行為だった。

しかし、登山が時代の風俗・流行の華《はな》であった時代は、たしかにあったと思う。

「あいつは東大にいけたんだが、山をやりたくて信州の大学へいったんだよ」

と、教えられて、バイトに明け暮れていた私は「格好いい」と思い、心底うらやましかったものだった。

「山をやる」

という語感にしびれたのである。

時代小説などで、若い主人公の侍が、

「ⓐいささか※新陰流《しんかげりゅう》をつかいます」

などというのと同じだ。芭蕉は「※不易流行《ふえきりゅうこう》」といった。登山は不易であると同時に当時は流行でもあったのだ。

そんなふうに若さにあふれていた登山行が、すっかり様変わりしたというのは、どういうことか。

「なんだか高齢者のかたがたばかりなんですよね」

要するにかつては青春の牧場だった山小屋なども、ほとんど私と同じ世代のジジババたちで一杯だったという話だ。

最近の高齢者は、みな元気である。ⓘオウジをなつかしんで、山に登る。それはいいことだ。

スキーからスノーボードへの移り変わりと同じように、登山も成熟した時代にはいっていくのかもしれない。それはそれでいいことだと私は思う。

近代アルピニズムの成立期には、ナショナリズムの気配があった。高齢者たちが山に登るようになれば、ひょっとすると登山の原初にあった何かがよみがえるかもしれない。自然への挑戦、自然の征服、といった攻撃的な登山ではなく、自然への畏怖《いふ》といった②大事な感覚が復活してくる可能性もある。

そして「下山」ということの意味が、新たに見直されるようになるのではあるまいか。

自分で痛感していることだが、［A］年寄りは転びやすいのだ。登り道はそれほどではないが、下りるときは細心の注意を要する。

「登山」より「下山」が大事、と、いつのころからかそう思うようになっていた。年齢のせいもある。時代のせいもある。仕事の面でもそうだ。

これまで登山行のオマケのように考えられていた下山のプロセスを、むしろ山に登ることのクライマックスとして見直してみたいのだ。

前に一冊の本を書いた。『林住期《りんじゅうき》』という題名の本だった。そのタイトルは、古代インドの、人生を四つに分ける思想からとったものである。

「学生期《がくしょうき》」「家住期《かじゅうき》」「林住期」「遊行期《ゆぎょうき》」。

中国にも似たような言葉がある。

※「青春《せいしゅん》」「朱夏《しゅか》」「白秋《はくしゅう》」「玄冬《げんとう》」の四期である。

登山というのは、ある意味で前半の二期にあたるのではあるまいか。［B］、後半の二つの季節に相当するのが、「下山」であるような気がする。

人間の一生でいうなら、五十歳までと、それ以後である。今の時代なら、さしずめ六十歳で定年退職してから後と考えるのが自然だろう。

登山が青春のカーニバルであった時代はすぎたかのようだ。しかし、山頂をめざすという想いは、人間本来の㋒コンゲン的な希求である。プロの登山家はもちろん、アマチュアで山をめざす人びとは、これから先も永遠につきないだろう。登山は人類の夢なのである。

しかし、登山ということが、山頂を征服する、挑戦する行為だとする考えかたは、すでに変わりつつあるのではないか。登山と下山とを同じように登山の本質と見なすのは当然のことである。そしていま、下山のほうに登山よりさらに大きな関心が深まる時代にはいったように思われる。

安全に、しかも確実に下山する、というだけのことではない。③下山のなかに、登山の本質を見いだそうということだ。

下山の途中で、登山者は登山の努力と労苦を再評価するだろう。下界を眺める余裕も生まれてくるだろう。自分の一生の来《こ》し方《かた》、行《ゆ》く末《すえ》をあれこれ思う余裕もでてくるだろう。

山を下りれば、日常が待っている。そこでしばし体をやすめ、また新しい山行《さんこう》を計画する。

その過程は、人間の一生に似てはいないだろうか。私は壮年期をすぎた人生を「林住期」とみて、そこから「遊行期」にいたるプロセスを人間のもっとも人間的な時代と考えてみた。

「下山」は、さしずめ「林住期」から「遊行期」への時期だ。そこに人生のつきせぬ歓《よろこ》びと、ひそかな希望を思うのである。

いま、私たちは未曽有《みぞう》の大災害に見舞われ、呆然《ぼうぜん》としてなすすべがない有様だ。福島原発が直面する現実は、数年で解決されるような問題ではない。

［C］、私たちは二度の核爆弾の被災のなかからたくましく立ちあがってきた民族である。すでに「立ちあがれニッポン」という声が巷《ちまた》にあふれ、メディアでは㋓フッコウをめざす議論も活気をおびてきているようだ。

どんなに深い絶望からも、人は立ちあがらざるをえない。核に汚染された大地にも、雑草は生え、樹木は根づいてきた。

しかし、と、そこでふと思う。私たちの再生の目標は、どこにあるのか。何をイメージしてフッコウするのか。

それは山頂ではない、という気がする。私たちはふたたび世界の経済大国という頂上をめざすのではなく、実り多い成熟した下山をこそ思い描くべきではないのか。

戦後、私たちは敗戦の焼跡の中から㋔エイエイと頂上をめざして登り続けた。そして幸運の風にも恵まれ、見事に登頂をはたした。

頂上をきわめたあとは、下山しなければならない。それが登山というものなのだ。

（五木寛之『下山の思想』による。ただし、一部変更した箇所がある）

《注》

※新陰流――剣道の流派の一つ。

※不易流行――芭蕉による俳諧の理念の一つ。不易は詩の基本である永遠性。流行はその時々の新風の体。共に風雅の誠から出るものであるから、根元においては一つであるという。

※「青春」「朱夏」「白秋」「玄冬」――春夏秋冬の異称。ただし、ここでは四季が人生になぞらえられている。

問一 空欄 A ～ C を埋める語の組み合わせとして、最も適当なものを、次のア～オの中から選び、記号で答えなさい。

	A	B	C
ア	とかく	そして	しかし
イ	やはり	くわえて	ところで
ウ	むろん	さらに	だから
エ	たぶん	当然	それゆえ
オ	特に	また	むしろ

問二 空欄 X を埋めるのに、最も適当なものを、次のア～オの中から選び、記号で答えなさい。

ア 図々しい　イ むくつけき　ウ 洗練された　エ 押しつけがましい　オ 熟練した

問三 傍線部ⓐ「いささか」とあるが、この語と同じ働きをしている表現を含む文を、次のア～オの中から一つ選び、記号で答えなさい。

ア 物資の減りが少しはやい。　イ 昨日は相当暑かった。
ウ この答えは全然正しくない。　エ 彼は常に冷静な態度である。
オ 明日はまさに正念場だ。

問四 傍線部①「登山の時代も様変わりしましたね」とあるが、どういうことか。その説明として、最も適当なものを、次のア～オの中から選び、記号で答えなさい。

ア　以前、山男というスタイルは若者に人気のファッションであったのに対して、現在では、その流行がすっかり廃れて、野暮な格好として受けとめられるようになったということ。

イ　以前、登山という行為は、厳しい自然の中で自己を鍛錬する、修養の一つとして位置づけられたのに対し、現代では、登頂を目指すだけのスポーツになってしまったということ。

ウ　以前、登山は若者の間で流行し、山は頂を目指す若者でにぎわっていたのに対して、近年では、高齢者の登山客ばかりが目立つようになってきたということ。

エ　以前、登山は、国を代表する登山隊が競って高峰を征服するというナショナリズムの性格を帯びていたが、現在では、自己の充足を追い求める個人的な行為になっているということ。

オ　以前、登山は流行歌にも歌われるほどポピュラーであったのに対し、現代は、すっかり人気が廃れ、誰も山に行って大自然の素晴らしさを実感しようとしなくなったということ。

問五　傍線部②「大事な感覚」とあるが、どういうことか。その説明として、最も適当なものを、次のア～オの中から選び記号で答えなさい。

ア　山や自然を征服する相手として見るのではなく、保護する対象として守ろうとする気持ち。

イ　山や自然を制覇する対象として見るのではなく、崇高な存在として深く敬おうとする気持ち。

ウ　山や自然を挑戦すべき敵として見なすのではなく、人類のよきパートナーとして親しく思う気持ち。

エ　山や自然を単なる資源として見なすのではなく、人類の文化史の重要な一項目として見直す気持ち。

オ　山や自然を都市文明の対極として見るのではなく、人間社会の一部として身近に思う気持ち。

問六　傍線部③「下山のなかに、登山の本質を見いだそうということ」とあるが、どういうことか。その説明として、最も適当なものを、次のア〜オの中から選び、記号で答えなさい。

ア　これまで登山は、山に挑戦してそれを征服しようとする人間の欲求に突き動かされてきたが、下山という行為に注目することにより、自然を畏敬する謙虚な心を学ぶ機会になるということ。

イ　これまで下山は、登頂という最難関の後に続く行程として、あまり注目されることがなかったが、あらためてその安全性が問われ、確実に生還するための最後の重要な区間として見直されるということ。

ウ　これまで下山は、頂の征服に付随する過程として軽視されてきたが、高齢者の登山家が増加したため登頂にこだわりが持たれなくなった今、その意味が脚光を浴びつつあるということ。

エ　これまで登山は、登頂という重要な目的だけで成り立っていたが、山を下りるという行為にも注目することによって、山行が従来よりいっそう楽しめるようになるということ。

オ　これまで下山は、登頂という山行の主要な活動の陰にかくれていたが、この行為を、山登り全体を総括する機会としてとらえ直し、自分の過去と今後について考える機会ともすること。

問七　次の(1)〜(5)のそれぞれについて、問題文の内容に合致するものにはアを、合致しないものにはイを選び、記号で答えなさい。

(1)　かつての山は、若者がこぞって集まった青春の舞台であり、筆者もまた、誘われて登山に加わったことがあった。

(2)　高齢者たちがこぞって山に登るようになった現在、山の事故やトラブルが目に見えて増加する傾向にある。

(3) 人生にたとえるならば、登山は力みなぎる青・壮年期であり、下山は盛りを過ぎて熟した老年時代にあたる。

(4) これからの登山は、単に山頂を目指すのではなく、装備や体調管理等、事前の準備を入念に行わなければならない。

(5) 日本人は、震災や原発事故から立ち直り、ふたたび繁栄を目指して、たくましく歩み出さなければならない。

問八 傍線部㋐～㋔のカタカナに当たる漢字のうちの一字を含むものを、それぞれ次のア～オの中から一つ選び、記号で答えなさい。

㋐ ザッシ	ア 恩師	イ 詩人	ウ 歴史	エ 紙面	オ 書誌
㋑ オウジ	ア 往復	イ 欧米	ウ 中央	エ 各自	オ 辞書
㋒ コンゲン	ア 現場	イ 減少	ウ 貧困	エ 根菜	オ 混合
㋓ フッコウ	ア 興味	イ 攻撃	ウ 口頭	エ 払底	オ 沸騰
㋔ エイエイ	ア 衛生	イ 英語	ウ 映画	エ 鋭利	オ 営業

意味段落ごとのつながりを確認して、筆者の主張をつかもう

第一意味段落「登山の時代が変わってしまった」

かつて　何十年か前の登山は青春の舞台であった

↓

今　登山をするのは高齢者たちばかりになってしまった

↓

それに伴い

「自然への挑戦や自然の征服」といった登山

✕ではなく

「自然への畏怖」といった大事な感覚が復活してくる可能性もある

第二意味段落「下山の意味が変わる」

これまで　「下山」＝登山のおまけであった

これから　「下山」＝・下山の途中で登山を再評価する
・下界を見下ろす
・自分の人生の過去や未来をあれこれ思ったりする

「下山」はちょうど人生の後半に似ているのである

第三意味段落　「日本の再生は下山である」

今私たち日本人は未曾有の原発災害に見舞われて、なすすべのない状態である

日本は二度の核爆弾の被害から立ちあがってきた民族である
すでに復興を目指す議論が活気をおびてきている

そこでの再生は再び経済大国という頂上を目指す

× ではなく

実り多い成熟した「下山」を思い描くべきである
・日本を再評価する
・日本全体を見下ろす
・日本の過去や未来をあれこれ思ったりする

問一　解説

「接続詞」や「副詞」をあてはめるタイプの空欄補充問題です。

「接続詞」の場合は、前後の文の構造をとらえましょう。そしてそれらの関係がどのようになっているかを考えます。「副詞」の場合も、まずは一文の構造をとらえましょう。そして、副詞がどこを説明しているのか（どこに係っているのか）を考えましょう。

「接続詞」の空欄補充問題を解くステップ

① 前後の文の構造をとらえる
② 文（もしくは語や段落）同士の関係を考える

「副詞」の空欄補充問題を解くステップ

① 一文の構造をとらえる
② 副詞がどこにかかっているのかを考える

A

自分で痛感していることだが、［A］年寄りは　転びやすいのだ。
（副詞：A／主語：年寄りは／述語：転びやすいのだ）

空欄が文頭ではなく文中にあるので、「副詞」補充の問題だと考えます。「年寄りは転びやすいのだ」にかかる副詞として、ふさわしいものはどれでしょうか。

ア　とかく　イ　やはり　ウ　むろん　エ　たぶん　オ　特に

この中では、エ「たぶん」は違うだろうとわかります。これは、「たぶん〜だろう」というように、推量とセットで使われる「呼応の副詞」です。今回は推量が使われていないので、「たぶん」は入りません。しかし、その他は入る可能性があるので、保留にします。

B

登山というのは（主語）、ある意味で前半の二期にあたるのではあるまいか。（述部）

B、

後半の二つの季節に相当するのが（主部）、「下山」であるような気がする。（述語）

空欄が文頭にあるので、文と文をつなぐ「接続詞」の補充問題だと考えます。空欄の前の文は「登山」について、後の文は「下山」について説明しているので、情報を付け加えていることがわかります。

ア　そして　イ　くわえて　ウ　さらに　エ　当然　オ　また

エ「当然」は副詞なので外れます。しかし、なんと、その他のすべてが「付け加え」の働きをすることができる接続詞であり、空欄に入れることができます。このような場合は、ひとまず保留にするようにしてください。空欄補充問題は、わかりやすいところから解くというのが攻略のコツです。

空欄補充問題では難しいところは保留にして、わかりやすいところから解く。

C

主部　述部　否定的

福島原発が直面する現実は、数年で解決されるような問題ではない。

C、

主部　述部　肯定的

私たちは　二度の核爆弾の被災のなかからたくましく立ちあがってきた民族である。

今回も空欄が文頭にあるので、文と文をつなぐ「接続詞」補充の問題だと考えます。空欄の前の文は「福島原発が直面する現実は、数年で解決されるような問題ではない」というように否定的な内容になっています。後の文は「私たちは二度の核爆弾の被災のなかからたくましく立ちあがってきた民族である」というように肯定的な内容になっています。

ア　しかし　イ　ところで　ウ　だから　エ　それゆえ　オ　むしろ

この問題は、[C]で決まります。逆接の接続詞であるア「しかし」が入りますね。イ「ところで」は話題を変える働きがあります。ウ「だから」とエ「それゆえ」は、順接なので絶対に入れてはいけません。

ちょっと注意したいのは、オ「むしろ」という副詞です。「しかし」も「むしろ」も両方とも後ろに来る内容がより重要だという点は共通しています。ただ、「むしろ」は前後に反対の内容が来るのですが、前の内容ではなく後の内容のほうを選ぶという働きがあります。つまり、「むしろ」は、前の内容を否定するのです。たとえば、「福島原発が直面する現実は、数年で解決されるような問題ではない。むしろ、永い年月をかけて解決すべき問題である」などであれば、「むしろ」を使います。一方、「しかし」は、前の内容を認めながらも、後ろに反対の内容を付け加える働きがあります。今回は前の内容を認めているので、「しかし」が入るのです。微妙な使い分けですが、よく問われるので覚えておきましょう。

「むしろ」＝前の内容よりも（ではなく）、後ろの反対の内容を選ぶ
「しかし」＝前の内容を認めながらも、後ろに反対の内容を付け加える

まとめます。[A]には「とかく」が、[B]には「そして」が、[C]には「しかし」が入り、正解は、アとなります。

問二　解説

語句の空欄補充問題です。いつもどおりのフォームを意識しながら解いていきましょう。

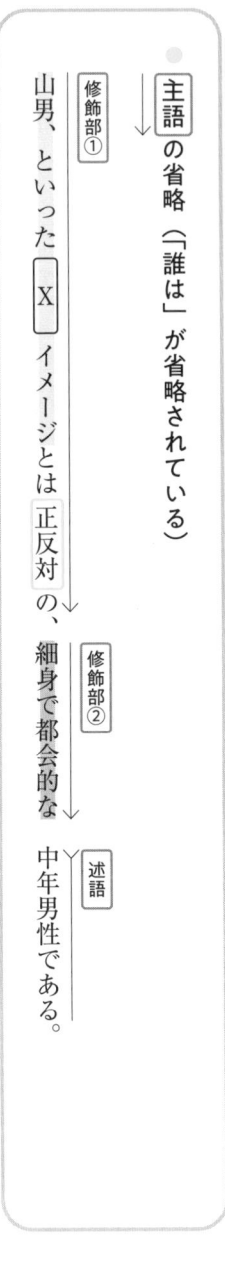

ステップ①・②

主語の省略（「誰は」が省略されている）

山男、といった［X］イメージとは正反対の、（修飾部①）細身で都会的な（修飾部②）中年男性である。（述語）

空欄のある一文をよく見ると、「細身で都会的な」と正反対の内容を入れればよいということがわかります。正解は、イ「むくつけき」です。「むくつけき」は「見るからに清潔さが感じられない」という意味です。「いや、そんな言葉知りませんよ」という人もいると思います。そういう場合は、消去法を使うとよいでしょう。「細身で都会的な」というのは見た目を表しています。他の選択肢を見ると、ア「図々しい」・エ「押しつけがましい」・オ「熟練した」は、見た目を表してはいないので、外れます。ウ「洗練された」は、「細身で都会的な」とほぼ同じような意味になります。ですから、ここでは外れます。すると、「むくつけき」はよくわからないけど、他がダメだからこれだろうと決めることができます。

ただし、「消去法はなるべく使わない」ということはぜひ覚えておいてください。「消去法」は最後の手段であり、使わないにこしたことはないのです。どうしてもしかたがないという場合にのみ使うようにしましょう。

「消去法」は最終手段である。なるべく使わないように心がける。

問三　解説

語句の意味用法を問う問題です。中堅私大の随筆文では、語句の知識を試す問題がよく出てくるので、語彙力を鍛えておきましょう。

「いささか」というのは「すこし」「ちょっと」という意味です。そのような意味の言葉を使っている選択肢を選びましょう。

正解は、ア「物資の減りが少しはやい。」です。イ「相当」・ウ「全然〜ない」・エ「常に」・オ「まさに」は、どれも「すこし」ではないので間違いです。

問四　解説

傍線部について「どういうことか」と問う傍線部内容説明問題です。傍線部内容説明問題は、「評論文」「小説文」「随筆文」で解き方は変わりません。常に一定のフォームで解いていきましょう。

傍線部内容説明問題を解くステップ

①傍線部のある一文を分析する
②ポイント（指示語・比喩表現・個人言語）をとらえる
↓
③解答の根拠を探す

ステップ①・②

「①登山の時代も（主部）様変わりしましたね。（述部）こんどつくづく それ を感じました」

「登山の時代」というのが、わかりにくい「個人言語」です。何が変わったのかを探していきましょう。

ステップ③

「①登山の時代も様変わりしましたね。こんどつくづくそれを感じました」

〈かつて何十年か以前の登山は〉、ある意味で青春の舞台だった。

（中　略）

要するに かつては青春の牧場だった山小屋なども、ほとんど私と同じ世代のジジババたちで一杯

だったという話だ。 まとめ

登山が「青春の舞台」から「ジジババの舞台」へと変化したのだとわかれば解答できます。

正解は、ウ「以前、登山は若者の間で流行し、山は頂を目指す若者でにぎわっていたのに対して、近年では、高齢者の登山客ばかりが目立つようになってきたということ。」であるとわかります。アは「野暮な格好として受けとめられるようになった」が間違いです。イは「厳しい自然の中で自己を鍛錬する、修養の一つ」「登頂を目指すだけのスポーツになってしまった」が間違いです。エは「国を代表する登山隊が競って高峰を征服するというナショナリズムの性格を帯びていた」が間違いです。オは「すっかり人気が廃れ、誰も山に行って大自然の素晴らしさを実感しようとしなくなった」が間違いです。

問五 解説

これも問四と同じく傍線部内容説明問題です。しっかり手順を守って解答しましょう。

ステップ①・②

自然への挑戦、自然の征服、といった攻撃的な登山 ではなく 、

主部

自然への畏怖《いふ》といった②大事な感覚が復活してくる可能性も ある。

述語

「ではなく」という否定によって、反対の内容がつながれています。**「AではなくB」**というのは、よくポイントになるカタチなので覚えておきましょう。

「AではなくB」という否定のカタチは、よく問題のポイントになる。

正解は、イ「山や自然を制覇する対象として見るのではなく、崇高な存在として深く敬おうとする気持ち。」です。「挑戦」「征服」は、「制覇」と言い換えられています。また、「畏怖」は「崇高な存在」に対して抱く感覚です。アは「保護する対象」が「畏怖」ではないので間違いです。エは「単なる資源」が「挑戦」「征服」ではないので間違いです。ウは「親しく思う」が、オは「身近に思う」が、それぞれ「畏怖」とは反対なので間違いです。

問六　解説

これも傍線部内容説明問題ですね。

ステップ①・②

安全に、しかも確実に下山する、というだけのことではない。（付け加え）③下山のなかに、登山の本質を見いだそうということだ。

「登山の本質」が個人言語です。「登山」および「下山」の説明を探しましょう。また、「だけのことではない」というのは、付け加えるカタチです。**「AだけでなくBも」**というカタチで覚えておきましょう。傍線部は、前の内容に新たに付け加えられた内容なので、後ろに解答の根拠を探すことになります。

ステップ③

安全に、しかも確実に下山する、というだけのことではない。

③下山のなかに、登山の本質を見いだそうということだ。

＝

下山の途中で、登山者は登山の努力と労苦を再評価するだろう。下界を眺める余裕も生まれてくるだろう。自分の一生の来し方《かた》、行く末《ゆすえ》をあれこれ思う余裕もでてくるだろう。

「登山を再評価して、自分の一生の過去や未来を思う」というのが下山の中に行われることであるとわかります。

正解は、オ「これまで下山は、登頂という山行の主要な活動の陰にかくれていたが、この行為を、山登り全体を総括する機会としてとらえ直し、自分の過去と今後について考える機会ともすること。」となります。アは「自然を畏敬する謙虚な心を学ぶ機会」が間違いです。これは「下山」ではなく、問五で考えた「登山」の説明です。イは「その安全性が問われ、確実に生還するための最後の重要な区間として見直される」が間違いです。これは「だけのことではない」の前に書かれている内容です。傍線部は「だけのことではない」

の後にあるため、異なる内容であることがわかります。ウは「登頂にこだわりが持たれなくなった」が間違いです。エは「山行が従来よりいっそう楽しめるようになる」が間違いです。

問七 解説

内容真偽問題です。選択肢を読み、本文と照合して解答していきましょう。

(1) かつての山は、若者がこぞって集まった青春の舞台であり、筆者もまた、誘われて登山に加わったことがあった。

これは、本文に「私も一度、牛にひかれて善光寺まいり、といった感じで登山に加わったことがある」とあるので、アとなります。「牛にひかれて善光寺まいり」とは、信仰心のない老婆が、さらしていた布を角にかけて走っていく牛を追いかけ、ついに善光寺に至り、のち厚く信仰したという話から、「思ってもいなかったことや他人の誘いによって、よいほうに導かれる」という意味で用いられます。

(2) 高齢者たちがこぞって山に登るようになった現在、山の事故やトラブルが目に見えて増加する傾向にある。

これは、「山の事故やトラブルが目に見えて増加する傾向にある」という部分が本文に書かれていないので、イとなります。

(3) 人生にたとえるならば、登山は力みなぎる青・壮年期であり、下山は盛りを過ぎて熟した老年時代にあたる。

これは、本文に「登山というのは、ある意味で前半の二期にあたるのではあるまいか」、また「後半の二つの季節に相当するのが、『下山』であるような気がする」とあるので、アとなります。

(4) これからの登山は、単に山頂を目指すのではなく、装備や体調管理等、事前の準備を入念に行わなければならない。

本文では、「装備や体調管理等、事前の準備」ではなく「下山」が本質とされているので、イとなります。あくまで「文章をもとにして答える」ということを意識しましょう。

(5) 日本人は、震災や原発事故から立ち直り、ふたたび繁栄を目指して、たくましく歩み出さなければならない。

本文では、「私たちはふたたび世界の経済大国という頂上をめざすのではなく、実り多い成熟した下山をこそ思い描くべきではないのか」とあるので、「ふたたび繁栄を目指して」は間違いです。よって、イとなります。

問八　解説

あ　ザッシ　雑誌　……　オ　書誌
い　オウジ　往時　……　ア　往復
う　コンゲン　根源　……　エ　根菜
え　フッコウ　復興　……　ア　興味
お　エイエイ　営々　……　オ　営業

入試問題実践3

解答

問一　ア

問二　イ

問三　ア

問四　ウ

問五　イ

問六　オ

問七　(1) ア　(2) イ　(3) ア　(4) イ　(5) イ

問八　ⓐ オ　ⓘ ア　ⓤ エ　ⓔ ア　ⓞ オ

おわりに　僕の現代文革命は続く

みなさんよく頑張りましたね！

現代文が苦手な人が参考書を一冊やり抜くのは、とても大変だったと思います。でも、やり遂げることができたのです。ぜひこの一冊を偉大な第一歩として、さらなる成長を楽しんでください。

最後に今後の学習の手引きをします。

①漢字・語彙

文章を正しく読んで問題に答えるために、漢字や語彙の力をつけていく必要があります。言葉の「意味」が載っている漢字問題集や現代文の重要キーワード語句集などを使用して、語彙力をつけていきましょう。

②文法

本書で学んでもらったとおり、正しく読むためには「文法」が必要です。中学生用の参考書でかまいませんので、「国文法」についてひととおり確認しておきましょう。

③テーマ別読解

語彙と文法を学んだら、様々なテーマに関する文章を読み、問題を解く訓練をしましょう。

拙著『柳生好之の現代文ポラリス1基礎編・2標準編』など、様々なテーマの文章が載っている問題集を使用して、「長文読解」の訓練をしてください。本書で学んだ「正しく読む力」が身についていれば、どのようなテーマの文章であっても読み解くことができます。

④過去問演習

最後は、志望校の過去問を解くという段階に入ります。過去問題集を使い、制限時間内で合格最低点を下回らないように練習していきましょう。

現在は、昔とは比べものにならないくらい、さまざまな学習のカタチがある時代です。書店にはたくさんの参考書が並んでいますし、映像授業も安価になりました。誰でもどこでも受験勉強ができます。つまり、都会の難関大受験専門塾と全く同じような勉強が、世界中のどこにいてもできるのです。これこそが僕の目指す「現代文革命」いえ、「受験革命」なんです。僕は現在、スタディサプリで映像授業を全国に提供して、参考書や問題集を執筆しています。また、自ら立ち上げた塾「現論会」では、勉強のやり方をオンラインで全国の受験生に届けています。

これからは、みなが平等に受験勉強に参加できる世の中になるでしょう。そのような中で合格を勝ち取るために必要なのは、自分を信じてやり抜くことです。みなさんは本書を一冊やり抜き、自分を変えることができたのです。「覚醒」したみなさんが、さらに多くの現代文の文章にふれ、問題を解き、もっと現代文が得意になっていく。そして、その先に大学での学びがある……。ここまでくれば本書は十分な役割を果たしたことになります。

最後にみなさんの合格を心よりお祈りしております。

柳生好之

出典

小林睦・篠澤和久「本当のことを知っているとはどういうことか―知識と真理―」
（『高校倫理からの哲学2 知るとは』所収・岩波書店）
野矢茂樹『心という難問　空間・身体・意味』講談社
森博嗣『読書の価値』ＮＨＫ出版
椹木野衣《さわらぎのい》『感性は感動しない　美術の見方、批評の作法』世界思想社
夏目漱石『三四郎』新潮社
松村圭一郎『うしろめたさの人類学』ミシマ社
重松清『みぞれ』ＫＡＤＯＫＡＷＡ
五木寛之『下山の思想』幻冬舎

本文デザイン・DTP	高橋明香（おかっぱ製作所）
本文イラスト	さとうさなえ
編集協力	佐藤洋子
カバーデザイン	西垂水敦（krran）
撮影	松谷靖之（GT-STUDIO）

【著者紹介】

柳生 好之（やぎゅう・よしゆき）

◉――リクルート「スタディサプリ」現代文講師。株式会社言楽舎代表取締役。

◉――早稲田大学第一文学部総合人文学科日本文学専修卒業。

◉――東進ハイスクールなど大手予備校勤務やZ会東大京大コース問題制作を経て、リクルート「スタディサプリ」に参加。現在、東大現代文・京大現代文・早大現代文・難関国公立大現代文・難関私立大現代文などの受験対策講座を多数担当している。

◉――「文法」「論理」という客観的ルールに従った読解法を提唱し、誰でも最短で現代文・小論文ができるようになる授業を行う。その極めて再現性の高い読解法により、東大など最難関大学を志望する受験生から現代文が苦手な受験生まで、幅広く支持されている。

◉――難関大受験専門塾「現論会」代表として、受験生に効果的な勉強法を指導している。また、後進の指導者も育成し、映像や出版プロデュースを手がける。

◉――今後の目標は、自身の映像授業と参考書と問題集によって基礎から応用まですべての力をつけられる理想の「柳生ルート」を完成させること、現論会を日本一の塾にすること、受験生も指導者も自由に参加できる教育プラットフォームを作ること。

◉――主な著書に、『東大現代文でロジカルシンキングを鍛える』『大学入試問題集 柳生好之の現代文ポラリス１基礎レベル・２標準レベル』『世界一わかりやすい慶應の小論文合格講座』（いずれもKADOKAWA）、『完全理系専用スペクトル看護医療系のための小論文』（技術評論社）がある。

ゼロから覚醒《かくせい》 はじめよう現代文《げんだいぶん》

2020年４月１日　第１刷発行
2023年９月１日　第15刷発行

著　者――柳生　好之
発行者――齊藤　龍男
発行所――株式会社かんき出版
東京都千代田区麹町4-1-4 西脇ビル　〒102-0083
電話　営業部：03(3262)8011㈹　編集部：03(3262)8012㈹
FAX　03(3234)4421　振替　00100-2-62304
http://www.kanki-pub.co.jp/

印刷所――大日本印刷株式会社

ISBN978-4-7612-7486-3 C7081